JUDITH BUTLER

Vida precária
Os poderes do luto e da violência

FILŌ   **autêntica**

JUDITH
BUTLER

Vida precária
Os poderes do luto e da violência

2ª reimpressão

TRADUÇÃO Andreas Lieber
REVISÃO TÉCNICA Carla Rodrigues

Publicado originalmente por Verso em 2014

Copyright © 2004 Judith Butler

Título original: *Precarious Life: The Powers of Mourning and Violence*

Todos os direitos reservados pela Autêntica Editora Ltda. Nenhuma parte desta publicação poderá ser reproduzida, seja por meios mecânicos, eletrônicos, seja via cópia xerográfica, sem a autorização prévia da Editora.

COORDENADOR DA COLEÇÃO FILÔ
Gilson Iannini

CONSELHO EDITORIAL
Gilson Iannini (UFMG); *Barbara Cassin* (Paris); *Carla Rodrigues* (UFRJ); *Cláudio Oliveira* (UFF); *Danilo Marcondes* (PUC-Rio); *Ernani Chaves* (UFPA); *Guilherme Castelo Branco* (UFRJ); *João Carlos Salles* (UFBA); *Monique David-Ménard* (Paris); *Olímpio Pimenta* (UFOP); *Pedro Süssekind* (UFF); *Rogério Lopes* (UFMG); *Rodrigo Duarte* (UFMG); *Romero Alves Freitas* (UFOP); *Slavoj Žižek* (Liubliana); *Vladimir Safatle* (USP)

EDITORAS RESPONSÁVEIS
Rejane Dias, Cecília Martins

PROJETO GRÁFICO
Diogo Droschi

REVISÃO DE TRADUÇÃO
Carolina Medeiros

REVISÃO TÉCNICA
Carla Rodrigues

REVISÃO DE TEXTO
Carla Neves, Bruna Emanuele Fernandes

CAPA
Alberto Bittencourt
(Sobre foto de Masaaki Komori /Unsplash)

DIAGRAMAÇÃO
Waldênia Alvarenga

Dados Internacionais de Catalogação na Publicação (CIP)
(Câmara Brasileira do Livro, SP, Brasil)

Butler, Judith
   Vida precária : os poderes do luto e da violência / Judith Butler ; [tradução Andreas Lieber ; revisão técnica Carla Rodrigues]. -- 1. ed.; 2. reimp. -- Belo Horizonte : Autêntica, 2023. -- (Filô)

   Título original: Precarious Life : The Powers of Mourning and Violence
   ISBN 978-85-513-0643-7

   1. Estados Unidos - Relações internacionais - Século 21 2. Guerra ao terrorismo, 2001-2009 - Aspectos morais e éticos 3. Mídia de massas e opinião pública - Estados Unidos 4. Nacionalismo - Estados Unidos 5. Violência - Aspectos políticos - Estados Unidos I. Título. II. Série.

19-30070   CDD-303.6

Índices para catálogo sistemático:
   1. Guerra ao terrorismo : 2001-2009 : Aspectos morais e éticos 303.6

Cibele Maria Dias - Bibliotecária - CRB-8/9427

 GRUPO **AUTÊNTICA**

Belo Horizonte
Rua Carlos Turner, 420
Silveira . 31140-520
Belo Horizonte . MG
Tel.: (55 31) 3465 4500

São Paulo
Av. Paulista, 2.073, Conjunto Nacional
Horsa I . Sala 309 . Bela Vista
01311-940 . São Paulo . SP
Tel.: (55 11) 3034 4468

www.grupoautentica.com.br
SAC: atendimentoleitor@grupoautentica.com.br

Para Isaac,
que pensa de outra forma.

9. Prefácio

21. Explicação e isenção, ou o que podemos ouvir

39. Violência, luto, política

73. Detenção indefinida

127. A acusação de antissemitismo: judeus, Israel e os riscos da crítica pública

157. Vida precária

183. Agradecimentos

185. Índice remissivo

Prefácio

Os cinco ensaios aqui reunidos foram escritos após o 11 de Setembro de 2001, em resposta às condições de maior vulnerabilidade e agressão que se seguiram a esses acontecimentos. Meu posicionamento no outono de 2001 era de que, ao intensificar seu discurso nacionalista, estender mecanismos de vigilância, suspender direitos constitucionais e desenvolver formas explícitas e implícitas de censura, os Estados Unidos estavam perdendo uma oportunidade de se redefinir como parte de uma comunidade global. Esses acontecimentos levaram os intelectuais a hesitar em seu compromisso público com os princípios de justiça e os jornalistas a se despedir da tradição do jornalismo investigativo. As fronteiras estadunidenses terem sido rompidas, uma vulnerabilidade insuportável ter sido exposta, um preço terrível ter sido pago em vidas humanas: essas foram, e são, causas de medo e de luto; são também instigações para uma paciente reflexão política. Esses acontecimentos levantaram, pelo menos implicitamente, a questão sobre qual forma devem tomar a reflexão política e a deliberação, se considerarmos a condição de violável e a agressão como dois pontos de partida para a vida política.

A percepção de que podemos ser violados, de que outros podem ser violados, de que estamos sujeitos à morte pelo capricho de outrem: todos esses são motivos de medo e luto. O que não é tão certo, porém, é se essas experiências de vulnerabilidade e perda precisam levar diretamente a uma violência militar e à vingança. Existem outros meios. Se estivermos interessados em deter esses ciclos a fim de produzir resultados menos violentos, é sem dúvida importante nos perguntarmos o que pode ser feito como política de luto além de uma guerra.

Uma percepção que a violação proporciona é de que existem outras pessoas das quais minha vida depende, pessoas que não conheço e que talvez nunca conheça. Essa dependência fundamental de pessoas anônimas não é algo de que eu possa, voluntariamente, me afastar. Nenhuma medida de segurança poderá foracluir essa dependência; nenhum ato violento de soberania livrará o mundo desse fato. O que isso significa, concretamente, irá variar ao redor do globo. Existem meios de distribuir vulnerabilidades, formas diferenciadas de alocação que tornam algumas populações mais suscetíveis à violência arbitrária do que outras. Mas nesse caso, não seria possível sustentar que os Estados Unidos têm mais problemas de segurança do que algumas das nações e dos povos mais contestados e vulneráveis do mundo. Ser violado significa ter a oportunidade de pensar sobre a violação, de descobrir os mecanismos de sua distribuição, de descobrir quem mais sofre com fronteiras permeáveis, com uma violência inesperada, com a despossessão e com o medo, e de perceber a forma como sofrem. Se a soberania nacional é desafiada, isso não significa que esta deva ser reforçada a todo custo, se isso vier a resultar em suspensão das liberdades civis e em supressão da dissidência política. Em vez disso, a saída do lugar privilegiado de Primeiro Mundo, mesmo que temporária, oferece a chance de começar a imaginar um mundo em que a violência possa ser minimizada, em que uma inevitável interdependência se torne reconhecida como base para a comunidade política global. Confesso não saber como teorizar essa interdependência. Sugeriria, entretanto, que nossas responsabilidades políticas e éticas estão enraizadas no reconhecimento de que, por definição, formas radicais de autossuficiência e soberania desenfreadas são interrompidas pelos processos globais mais amplos de que fazem parte, que nenhum controle final pode ser garantido, e que esse controle final não é, e nem pode ser, um valor último. Estes ensaios iniciam um processo de imaginar, embora não haja grandes conclusões utópicas aqui. O primeiro ensaio começa com a ascensão da censura e do anti-intelectualismo que ocorreu no outono de 2001, quando qualquer um que buscasse entender as "razões" do ataque aos Estados Unidos era considerado alguém que procurava "isentar" aqueles que conduziram esse ataque. Editoriais no *New York Times* criticavam os *"excuseniks"*, explorando os ecos dos *"peaceniks"* – compreendidos como atores políticos ingênuos e nostálgicos arraigados em enquadramentos dos anos 1960 – e dos *"refuseniks"* – aqueles que se recusavam a obedecer às normas soviéticas de censura e controle e muitas vezes perdiam o emprego como resultado.[1] Se o termo fora criado para desacreditar aqueles que se precaviam contra a guerra, inadvertidamente produziu a possibilidade de uma identificação de resistências de guerra com corajosos ativistas de direitos humanos. O esforço de depreciação revelou a dificuldade de manter uma visão consistentemente negativa daqueles que buscavam uma compreensão histórica e política do 11 de Setembro, quem

---

[1] Entre os anos 1950 e 1970, era comum adicionar o sufixo *"nik"* a uma palavra para criar apelidos que associavam as pessoas a alguma ideologia, característica ou preferência. A moda começou em 1957, ano do lançamento do primeiro satélite soviético, o Sputnik. *"Peacenik"*, por exemplo, tornou-se um termo para designar pacifistas, e *"refusenik"* servia tanto para um judeu da URSS a quem tivesse sido negada a permissão para emigrar para Israel quanto para uma pessoa que se recusasse a obedecer a ordens ou seguir a lei. Aqui, a autora retoma o sufixo para se referir a *"excuseniks"* como aqueles que procuravam desculpas para justificar o 11 de Setembro (KABAKCHI, Victor V.; DOYLE, Charles. Of Sputniks, Beatniks, and Nogoodniks. *American Speech*, Durham, v. 65, n. 3, p. 275-278, 1990). (N.T.)

dirá daqueles que se opunham à guerra contra o Afeganistão como uma resposta legítima.

Argumento que não é um capricho de relativismo moral tentar entender o que pode ter ocasionado os ataques aos Estados Unidos. Além disso, podemos – e devemos – abominar os ataques a partir de bases dos fundamentos éticos (e enumerar tais fundamentos) e sentir um grande luto por essas perdas, mas não podemos permitir que essa indignação moral e o luto público se transformem em ocasião para silenciar o discurso crítico e o debate público sobre o significado dos acontecimentos históricos. Podemos ainda querer saber o que ocasionou esses acontecimentos, querer saber a melhor forma de lidar com essas condições para que suas sementes não germinem em outros acontecimentos desse tipo, encontrar locais de intervenção e ajudar a planejar estratégias cuidadosas que não atraiam mais violência no futuro. Podemos até experimentar a repugnância, o luto, a ansiedade e o medo, e ter todas essas disposições emocionais ocasionando uma reflexão sobre como outros sofreram alguma violência arbitrária nas mãos dos Estados Unidos, mas também nos esforçando para produzir outra cultura pública e outra política nas quais sofrer violência e perdas inesperadas e responder com uma agressão não seja algo aceito como uma norma da vida política.

Na segunda parte, "Violência, luto, política", retomo uma compreensão psicanalítica da perda a fim de pensar por que a agressão às vezes parece ser a resposta mais rápida. O ensaio analisa o problema de uma vulnerabilidade primária em relação aos outros, da qual não podemos nos livrar sem deixarmos de ser humanos. Sugere, também, que formas contemporâneas de soberania nacional constituem esforços de superar a suscetibilidade e a violabilidade, que são dimensões não erradicáveis da dependência humana e da sociabilidade. Também considero, nesse ensaio, como certas formas de luto se tornam nacionalmente reconhecidas e amplificadas, enquanto outras se tornam inimagináveis e impossíveis de serem sentidas. Argumento que uma melancolia nacional, entendida aqui como a negação do luto, acompanha o apagamento das representações públicas dos nomes, das imagens e das narrativas daqueles que foram mortos pelos Estados Unidos. Por outro lado, as próprias perdas estadunidenses são consagradas em obituários públicos que constituem tantas das ocasiões de construção da nação. A perda de algumas vidas ocasiona o luto; de outras, não; a distribuição desigual do luto decide quais tipos de sujeitos são e devem ser enlutados, e quais tipos não devem; opera para produzir e manter certas concepções excludentes de quem é normativamente humano: o que conta como uma vida vivível e como uma morte passível de ser enlutada?

"Detenção indefinida" considera as implicações políticas das concepções normativas humanas que produzem, por um processo excludente, uma hospedaria para "vidas não vivíveis", cujo estatuto legal e político é suspenso. Os prisioneiros detidos indefinidamente na Baía de Guantánamo não são considerados "sujeitos" protegidos pela lei internacional, não têm direito a julgamentos normais, a advogados, aos devidos processos legais. Os tribunais militares, que até hoje não foram usados, representam uma violação do direito constitucional que torna as sentenças de vida ou morte uma prerrogativa do presidente. A decisão de manter alguns, se não a maioria, dos 680 detentos atualmente encarcerados em Guantánamo é deixada para "agentes" que decidirão, em termos incertos, se esses indivíduos representam um risco para a segurança dos Estados Unidos. Não tendo obrigação de seguir nenhuma diretriz legal exceto aquelas fabricadas para a ocasião, esses agentes acumulam um poder soberano em si mesmos. Enquanto Foucault argumentava que soberania e governamentalidade podem coexistir — e de fato coexistem —, a forma particular dessa coexistência na atual prisão de guerra ainda não foi mapeada. A governamentalidade designa um modelo para conceituar o poder em suas operações difusas e polivalentes, enfocando a gestão de populações e operando por instituições e discursos estatais e não estatais. Na atual prisão de guerra, os agentes da governamentalidade exercem o poder soberano, entendido aqui como uma operação ilegal e irresponsável de poder, uma vez que o regime legal é efetivamente suspenso e os códigos militares tomam o seu lugar. Novamente, uma soberania perdida ou violada é revitalizada por regras que atribuem sentenças de vida e morte ao Poder Executivo ou a agentes sem um estatuto eleito, que não é limitado por amarra constitucional alguma.

Esses prisioneiros não são considerados "prisioneiros" e não recebem nenhuma proteção de leis internacionais. Embora os Estados Unidos afirmem que seus métodos de aprisionamento são coerentes com a Convenção de Genebra, o país não se considera vinculado a esses acordos e não oferece nenhum dos direitos legais ali estipulados. Como resultado, os humanos aprisionados em Guantánamo não contam como humanos; eles não são sujeitos protegidos pela lei internacional. Eles não são sujeitos em qualquer sentido legal ou normativo. A desumanização realizada pela "detenção indefinida" usa um enquadramento étnico para decidir quem será humano e quem não será. Além disso, a política de "detenção indefinida" produz uma esfera de aprisionamento e punição irrestrita por quaisquer leis, exceto aquelas fabricadas pelo Departamento de Estado. Assim, o próprio Estado alcança um certo poder "indefinido" de suspender e fabricar a lei, ponto no qual a separação de poderes é indefinidamente deixada de lado. O Patriot Act constitui outro esforço de suspender as liberdades civis em nome da segurança, algo que não considero nessas páginas, mas que o espero fazer em um artigo futuro. Nas duas primeiras versões do Patriot Act, a nossa cultura intelectual é alvo do controle e da regulamentação, anulando as antigas reivindicações de liberdade intelectual e de associação que têm sido centrais nas concepções da vida política democrática.

"A acusação de antissemitismo: judeus, Israel e os riscos da crítica pública" considera um esforço para reprimir as críticas públicas e o debate intelectual no contexto de críticas à política militar e estatal de Israel. O comentário feito pelo reitor de Harvard, Lawrence Summers, de que criticar Israel é engajar-se em um antissemitismo "efetivo" é criticamente examinado por sua falha em não fazer distinção entre judeus e Israel e pela importância de reconhecer publicamente aqueles progressivos esforços judeus (israelenses e diaspóricos) de resistência ao atual Estado de Israel. Considero que as implicações de sua declaração, ao censurar certos tipos de discurso crítico, associam a objetivos antissemitas os que criticam Israel, sentimento compartilhado por muitas pessoas e organizações. Dado o quão hedionda qualquer associação com o antissemitismo é, especialmente para judeus progressistas que promovem suas críticas, entende-se que aqueles que podem objetar à política israelense ou, de fato, à doutrina e prática do sionismo encontram-se na situação de silenciar seu discurso crítico ou de enfrentar o estigma insuportável do antissemitismo por falar publicamente sobre seus pontos de vista. Essa restrição é reforçada pela regulamentação das identificações psíquicas e públicas, especificamente, pela ameaça de ter que viver com uma identificação radicalmente inabitável e inaceitável de antissemitismo ao se pronunciar contra a política israelense ou, de fato, contra Israel em si. Quando a acusação de antissemitismo é usada dessa maneira para acabar com o dissenso sobre a questão de Israel, ela se torna suspeita, privando-a assim de seu significado e importância naquilo que certamente deve continuar sendo uma luta ativa contra o antissemitismo existente.

A esfera pública é constituída em parte por aquilo que não se pode dizer e por aquilo que não se pode mostrar. Os limites do dizível, os limites do que pode aparecer circunscrevem o domínio no qual o discurso político opera e certos tipos de sujeitos aparecem como atores viáveis. Nesse caso, a identificação de um discurso crítico a Israel com o antissemitismo procura torná-lo indizível. Isso acontece pelo uso do estigma, procurando impedir discursos críticos viáveis sobre a estrutura do Estado de Israel, suas pré-condições de cidadania, suas práticas de ocupação e sua violência de longa data. Argumento a favor do fim da violência israelense e palestina

PREFÁCIO

15

e sugiro que abrir o espaço para um debate legitimamente público, livre de intimidação, sobre a estrutura do poder de Israel/Palestina é crucial para esse projeto.

"Vida precária" aborda a questão de uma ética não violenta, baseada no entendimento do quão facilmente a vida humana pode ser anulada. Emmanuel Lévinas oferece uma concepção de ética que se debruça sobre a apreensão da precariedade da vida, começando com a vida precária do Outro. Ele usa o "rosto" como uma figura comunicativa tanto da precariedade da vida quanto da interdição da violência. Ele nos oferece uma maneira de entender como a agressão *não* é erradicada em uma ética da não violência; a agressão constitui a matéria incessante das lutas éticas. Lévinas considera o medo e a ansiedade que a agressão busca suprimir, mas argumenta que a ética é precisamente uma luta para impedir que esse medo e essa ansiedade se transformem em ações assassinas. Embora sua visão teológica evoque uma cena entre dois seres humanos, cada um com um rosto oferecendo uma demanda ética advinda de uma fonte aparentemente divina, ela é útil para as análises culturais que buscam entender a melhor maneira de retratar o humano, sua dor e seu sofrimento, e como reconhecer melhor aqueles "rostos" contra quem a guerra é transformada em representação pública.

O rosto levinasiano não é precisamente ou exclusivamente um rosto humano, embora comunique o que é humano, o que é precário, o que é passível de ser violado. As representações midiáticas dos rostos dos "inimigos" apagam o que o "rosto" de Lévinas tem de mais humano. Por meio de uma transposição cultural de sua filosofia, é possível ver como as formas dominantes de representação podem e devem ser perturbadas para que algo como a precariedade da vida possa ser apreendida. Isso tem implicações, mais uma vez, para as fronteiras que constituem o que irá e não irá aparecer na vida pública, os limites de um campo de aparência reconhecido publicamente. Aqueles que permanecem sem rosto ou cujos rostos nos são apresentados como inúmeros símbolos do mal nos autorizam a ficar desorientados diante das vidas que erradicamos e cuja injustiça é indefinidamente adiada. Certos rostos devem ser reconhecidos pela opinião pública, devem ser vistos e ouvidos para que um sentido mais agudo de vida, de toda e qualquer vida, tome conta de nós. Então, não é que o luto seja o objetivo da política, mas sem a capacidade de enlutar perdemos aquela noção mais afiada de vida que necessitamos para que possamos nos opor à violência. E, embora para alguns o luto só possa ser resolvido pela violência, parece claro que a violência só acarreta mais perdas, e a incapacidade de considerar o apelo da precariedade da vida apenas leva, repetidamente, à frieza do luto em uma raiva política interminável. E enquanto algumas formas de luto público são prolongadas e ritualizadas, alimentando o fervor nacionalista, reiterando as condições de perda e vitimização que justificam uma guerra mais ou menos permanente, nem todas as formas de luto são vistas assim.

O dissenso e o debate dependem da inclusão daqueles que mantêm as visões críticas da política estatal e da cultura cívica como parte de uma discussão pública mais ampla sobre o valor das políticas. Acusar aqueles que expressam pontos de vista críticos de traição, de simpatizar com terroristas, de antissemitismo, relativismo moral, pós-modernismo, comportamento juvenil, colaboração e esquerdismo anacrônico é procurar destruir a credibilidade não das opiniões apresentadas, mas das pessoas que as compartilham. Isso produz o clima de medo no qual expressar certo ponto de vista é correr o risco de ser marcado e humilhado com uma denominação hedionda. Continuar a expressar suas opiniões sob essas condições não é fácil, pois não se deve apenas desconsiderar a verdade da denominação, mas também enfrentar o estigma que toma conta do domínio público. O dissenso é reprimido, em parte, ao se ameaçar o falante com uma identificação com a qual é impossível conviver. Já que seria hediondo ser identificado como traidor, como colaborador, a pessoa deixa de falar ou fala de maneira truncada, a fim de evitar a identificação aterrorizante que a ameaça. Essa estratégia para suprimir o dissenso e limitar o alcance do debate crítico acontece não somente por uma série de táticas humilhantes que têm como efeito certo terrorismo psicológico, mas também na produção do que contará ou não como um assunto viável de ser falado e uma opinião razoável de ser expressa no domínio público. As pessoas não dizem o que pensam exatamente por não querer perder o estatuto de ser um falante viável. Nas condições sociais que regulam as identificações e o senso de viabilidade, a censura opera implícita e vigorosamente. A linha que circunscreve o que é falado e o que pode ser vivido também funciona como instrumento de censura.

Decidir quais pontos de vista serão razoáveis no domínio público, no entanto, é decidir o que constituirá ou não a esfera pública do debate. E se uma pessoa tem pontos de vista que não estão de acordo com a norma nacionalista, ela carece de credibilidade, e a mídia não está aberta para tal pessoa (embora a internet, curiosamente, esteja). A foraclusão da crítica esvazia o domínio público do debate e da própria contestação democrática, de modo que o debate se torna a troca de opiniões entre os afins, e a crítica, que deveria ser central em qualquer democracia, torna-se uma atividade fugidia e suspeita.

A política pública, incluindo a política externa, frequentemente procura impedir que a esfera pública esteja aberta a certas formas de debate e à circulação da cobertura da mídia. Uma maneira de alcançar o entendimento hegemônico é pela circunscrição do que será ou não admissível como parte constituinte da própria esfera pública. Sem manipular as populações de tal maneira que a guerra pareça boa, correta e verdadeira, nenhuma guerra seria capaz de reivindicar o apoio popular e nenhum governo poderia manter sua popularidade. Para produzir o que constituirá a esfera pública, entretanto, é necessário controlar o que as pessoas veem, a maneira como elas veem, como escutam. As restrições não estão apenas no conteúdo — certas imagens de cadáveres no Iraque, por exemplo, são consideradas inaceitáveis para o consumo visual público –, mas naquilo que "pode" ser ouvido, lido, visto, sentido e conhecido. A esfera pública é constituída em parte pelo que pode aparecer, e a regulação do campo da aparência é uma forma de estabelecer o que contará como realidade e o que não contará. É também um modo de estabelecer quais vidas podem ser marcadas como vidas e quais mortes contarão como mortes. Nossa capacidade de sentir e de apreender está na balança. Mas na balança está, também, o destino de tantas vidas e mortes, assim como a habilidade de pensar criticamente e publicamente sobre os efeitos da guerra.

Berkeley, Califórnia, julho de 2003

Explicação e isenção,
ou o que podemos ouvir

Desde o 11 de Setembro, temos visto tanto um aumento do anti–intelectualismo quanto um crescimento da aceitação da censura na mídia. Isso pode significar que essas tendências estão encontrando apoio dentro da população geral dos Estados Unidos, mas pode também significar que a mídia funciona como uma "voz pública", operando a uma distância de seu eleitorado, nos apresentando a "voz" do governo, sendo que a proximidade da mídia com essa voz repousa sobre uma aliança ou identificação com tal voz. Deixando de lado por um momento como a mídia atua sobre o público, se, de fato, a mídia se encarregou da tarefa de estruturar o sentimento e a fidelidade do público, parece crucial notar que uma relação crítica com o governo tem sido severa, se não completamente, suspensa, e que a "crítica" ou, de fato, a independência da mídia tem sido comprometida de maneira sem precedentes.

Embora tenhamos ouvido, ultimamente, sobre o tratamento abusivo de detentos e apesar de "erros" de guerra terem sido publicamente expostos, parece que nem a justificativa nem a causa da guerra têm sido o foco da atenção intelectual pública. Apenas recentemente (outono de 2003) as razões para travar uma guerra preventiva contra o Iraque começaram a ser submetidas ao escrutínio público. De fato, pensar a fundo sobre o que causou isso tem invariavelmente trazido à tona receios de que encontrar um conjunto de causas seria encontrar um conjunto de desculpas. Esse ponto foi publicado por Michael Walzer, um proponente da "guerra justa", e funcionou como uma força implícita de censura em páginas de opinião em todo o país. Da mesma forma, temos ouvido do vice-presidente Richard Cheney e de Edward Rothstein, do *New York Times*, entre vários outros, que chegou hora de reafirmar não apenas os valores norte-americanos, mas também valores fundamentais e absolutos. Posições intelectuais que de alguma maneira são "relativistas" ou "pós-" são consideradas cúmplices do terrorismo ou um "elo fraco" nessa luta. Tornou-se difícil apresentar perspectivas críticas contra a guerra, não apenas porque os canais de mídia convencional não as publicarão (a maioria delas aparece impressa na mídia progressiva ou alternativa, ou na internet), mas porque expressá-las é arriscar causar histeria e censura. No sentido geral, o binarismo que Bush propõe, segundo o qual apenas duas posições são possíveis – "ou você está conosco ou está com os terroristas" –, impede a oposição aos dois lados e a enquadra nos termos do binarismo. Além disso, é o mesmo binarismo que nos leva de volta a uma divisão anacrônica entre "Oriente" e "Ocidente" e que, em sua metonímia reducionista, nos devolve à injusta distinção entre civilização (a nossa) e barbárie (agora codificada como o próprio "Islã"). No começo desse conflito, opor-se à guerra significava, para alguns, que as pessoas, de alguma forma, simpatizavam com o terrorismo, ou que elas viam o terror como algo justificado. No entanto, é certamente hora de permitir que um campo intelectual se desenvolva novamente, no qual distinções mais responsáveis possam ser ouvidas, histórias possam ser recontadas em suas complexidades, e a responsabilidade possa ser separada do clamor de vingança. Esse também teria que ser um campo em que as perspectivas de longo prazo para a cooperação global pudessem funcionar como um guia para a reflexão e para críticas públicas.

A resposta da esquerda à guerra travada no Afeganistão enfrentou sérios problemas, em parte porque as explicações que ela forneceu à pergunta "Por que eles nos odeiam tanto?" foram rejeitadas como sendo uma entre tantas outras isenções dos próprios atos de terror. Isso não precisa ser necessariamente assim. Penso que podemos ver, no entanto, como as tendências moralistas anti-intelectuais uniram-se a uma desconfiança da esquerda, já que o autoflagelo de muitas elites do Primeiro Mundo produziu uma situação na qual é considerada inadmissível a nossa própria capacidade de pensar sobre os fundamentos e as causas do atual conflito global. O grito de que "não há desculpas para o 11 de Setembro" tornou-se um meio de sufocar qualquer discussão séria acerca de como a política externa dos Estados Unidos ajudou a criar um mundo no qual tais atos de terror são possíveis. Vemos isso de forma mais dramática na suspensão de qualquer tentativa de oferecer uma cobertura equilibrada ao conflito internacional e na recusa de incluir, na imprensa tradicional, importantes críticas de Arundhati Roy[2] e Noam Chomsky acerca dos esforços militares dos Estados Unidos. Isso acontece em paralelo com a suspensão sem precedentes das liberdades civis de imigrantes ilegais e suspeitos de terrorismo e com o uso da bandeira como um sinal ambíguo de solidariedade para com as perdas no 11 de Setembro e para com a guerra atual, como se a simpatia com as primeiras fosse traduzida, em um único golpe simbólico, como apoio à última. O escárnio público do movimento pela paz e a caracterização das demonstrações antiguerra como anacrônicas e nostálgicas trabalham para produzir um consenso da opinião pública que marginaliza profundamente o sentimento e a análise antiguerra, colocando em questão de uma maneira muito forte o próprio valor da dissidência como parte da cultura democrática contemporânea estadunidense.

A articulação dessa hegemonia ocorre em parte por meio da produção de um consenso sobre o significado de certos

---

[2] *The Guardian*, Nova York, 29 set. 2001.

termos, como eles podem ser usados e quais linhas de solidariedade são implicitamente traçadas por esse uso. Reservamos o termo "atos de terror" para acontecimentos como o 11 de Setembro nos Estados Unidos, distinguindo tais atos de violência daqueles que podem ser justificados por meio de decisões da política externa e de declarações públicas de guerra. Por outro lado, esses atos terroristas foram interpretados como "declarações de guerra" pelo governo Bush, que então engendrou uma resposta militar como um ato justificado de autodefesa. Enquanto isso, uma ambiguidade cada vez maior introduzida pelo próprio uso do termo "terrorista" permanece e é explorada por vários poderes em guerra com diversos movimentos de independência. O termo "terrorista" é usado, por exemplo, pelo Estado israelense para descrever qualquer ato de resistência palestina, mas nunca para designar suas próprias práticas de violência estatal. O termo também é usado por Putin para descrever a luta da Chechênia pela independência, lançando seus próprios atos de violência contra essa província como ações justificadas de legítima defesa nacional. Os Estados Unidos, ao usar o termo, se posicionam exclusivamente como uma vítima súbita e indiscutível de violência. Embora não haja dúvidas de que tenham sofrido violência, deve-se ter em mente que uma coisa é sofrê-la, outra é usá-la para fundamentar um enquadramento no qual a violação sofrida autoriza a agressão ilimitada contra alvos que podem ou não estar relacionados com as fontes do sofrimento.

O ponto que gostaria de sublinhar aqui é que um enquadramento usado para entender a violência emerge em conjunto com a experiência, e que ele funciona tanto para impedir certos tipos de perguntas, certos tipos de investigações históricas, quanto como uma justificativa moral para a retaliação. Parece crucial nos atentarmos a esse enquadramento, uma vez que ele decide, de maneira contundente, *o que podemos ouvir*, se uma opinião será tomada como explicação ou como isenção, se podemos perceber a diferença e suportá-la.

Há também uma dimensão narrativa para esse quadro explicativo. Nos Estados Unidos, começamos a história invocando um ponto de vista narrativo em primeira pessoa e contando o que aconteceu no 11 de Setembro. É essa data e a inesperada e completamente terrível experiência de violência que impulsiona a narrativa. Se tentarmos começar a história mais cedo, apenas algumas opções de narrativa são viáveis. Podemos narrar, por exemplo, como era a vida doméstica de Mohammed Atta, se ele era provocado por parecer uma garota, onde ele se reuniu em Hamburgo e o que o levou, psicologicamente, ao momento em que ele pilotou o avião em direção ao World Trade Center. Ou por que Bin Laden fugiu da sua família e por que ele sentia tanta raiva? Até certo ponto, esse tipo de história é interessante, porque sugere que há uma patologia pessoal em ação. Funciona como uma narrativa plausível e envolvente, em parte porque reitera a agência[3] como uma questão do sujeito, algo que podemos entender, que está de acordo com nossa ideia de responsabilidade pessoal ou com a teoria da liderança carismática que foi popularizada por Mussolini e Hitler na Segunda Guerra Mundial.

Isso é, sem dúvida, mais fácil de ouvir do que uma rede de indivíduos dispersos pelo mundo, conjurando e implementando tal ação de vários modos diferentes. Se existe uma rede, há de existir um líder, um sujeito que finalmente seja responsável por aquilo que os outros fazem. Talvez possamos escutar, de forma limitada, sobre a maneira pela qual o grupo Al-Qaeda usa a doutrina islâmica, e talvez pudéssemos querer saber, para reforçar nosso enquadramento liberal, que eles não representam a religião do Islã, que a maioria dos muçulmanos não compactua com essa visão. A Al-Qaeda pode ser "o sujeito", mas nos perguntamos de onde vem isso? Ao isolar

---

[3] *"Agency"*, no original. Optamos por manter "agência", termo que, apesar do anglicismo, já tem uso estabelecido em textos teóricos que se valem desse conceito. "Agência" é a possibilidade de os sujeitos produzirem subjetivação diante e apesar da subordinação às normas sociais. Leitora de Foucault, Butler herda do filósofo francês a noção de assujeitamento, que compreende os sujeitos como formados nas relações de poder. Porém, em diálogo com a teoria feminista, ela definirá "agência" como uma prática de articulação do "poder fazer" a partir do desejo, não sendo, assim, um atributo dos sujeitos, mas uma conquista. (N.R.)

os indivíduos envolvidos, nos absolvemos da necessidade de pensar em uma explicação mais ampla para os acontecimentos. Embora talvez estejamos atordoados pelo fato de não haver um maior repúdio público por parte dos líderes muçulmanos (embora muitas organizações o tenham feito), não podemos entender exatamente por que pode ser difícil para esses líderes se unirem publicamente aos Estados Unidos nessa questão, mesmo quando claramente condenam os atos de violência.

Nossos próprios atos de violência não recebem uma cobertura explícita na imprensa e, portanto, permanecem como ações justificadas em nome da autodefesa, mas por uma causa nobre, ou seja, a erradicação do terrorismo. Em algum momento durante a guerra contra o Afeganistão relatou-se que a Aliança do Norte pode ter massacrado um vilarejo: isso seria investigado e, se confirmado, tratado como um crime de guerra? Quando uma criança sangrando ou um corpo morto em solo afegão aparece na cobertura da imprensa, eles não são tratados como parte do horror da guerra, mas surgem apenas a serviço de uma crítica à incapacidade dos militares de mirar corretamente suas bombas. Nos castigamos por não mirarmos melhor, como se o objetivo fosse mirar corretamente. Não percebemos, no entanto, as vidas destruídas e os povos dizimados como algo pelo qual somos responsáveis, ou como essa aniquilação funciona para confirmar os Estados Unidos como protagonistas de tais atrocidades. Nossos próprios atos não são considerados terroristas. E não há um histórico de atos que seja relevante para a autocompreensão que formamos à luz desses acontecimentos terríveis. Não há uma pré-história relevante para o 11 de Setembro, já que para contar a história de outra maneira, perguntar como as coisas chegaram a isso, já é complicar a questão da agência que, sem dúvida, leva ao medo do equívoco moral. A fim de condenar esses atos como indesculpáveis, completamente errados, a fim de sustentar a estrutura efetiva na qual nos encontramos, por um lado, vitimizados e, por outro, engajados em uma causa justa para erradicar o terror, temos que começar a história com a experiência da violência que sofremos.

Temos que sustentar o ponto de vista da primeira pessoa e impedir que os relatos possam envolver uma descentralização do "eu" narrativo dentro do domínio político internacional. Essa descentralização é experimentada como parte da ferida que nos assola, por isso não podemos partir dessa posição. Essa descentralização é precisamente o que procuramos corrigir através de uma recentralização. Uma forma narrativa surge para compensar a enorme ferida narcisista aberta pela exibição pública de nossa vulnerabilidade física. Nossa resposta, portanto, não é ingressar em coligações internacionais que percebemos estar trabalhando com rotas estabelecidas institucionalmente para a construção do consenso. Relegamos as Nações Unidas a um órgão deliberativo de segunda ordem e, em vez disso, insistimos no unilateralismo estadunidense. E depois perguntamos: quem está conosco? Quem está contra nós? Como resultado, respondemos a exposição da vulnerabilidade com uma afirmação de "liderança" dos Estados Unidos, mostrando mais uma vez o desprezo que mantemos por coligações internacionais que não são construídas e lideradas por nós mesmos. Essas coligações não entram em conflito com a supremacia estadunidense, mas a confirmam, incitam, insistem nela, com implicações de longo prazo para a futura configuração e possibilidade de cooperação global.

Talvez a pergunta não possa ser ouvida, mas ainda gostaria de fazê-la: podemos encontrar outros significados, outras possibilidades, para a descentralização da narrativa em primeira pessoa dentro do quadro global? Não quero dizer que a história de ser atacado não deva ser contada. Não quero dizer que a história que começa no 11 de Setembro não deva ser contada. Essas histórias precisam ser contadas, e elas estão sendo, apesar do enorme trauma que incapacita a habilidade narrativa nesses casos. Mas se quisermos nos entender como atores globais, e agir dentro de um campo historicamente estabelecido, que tenha outras ações em jogo, precisaremos emergir da perspectiva narrativa do unilateralismo dos Estados Unidos e, por assim dizer, de suas estruturas defensivas, para que possamos considerar as maneiras pelas quais nossas vidas estão profundamente implicadas nas vidas dos outros. Meus amigos de esquerda brincam que eles perderam sua complacência de cidadãos de Primeiro Mundo. Sim, isso é verdade. Mas procuramos agora recuperar essa complacência como forma de curar a ferida? Ou vamos impor um desafio a tal complacência e começar a construir uma política de base diferente?

Sinto que estar aberto às explicações, mal divulgadas como elas são nos Estados Unidos, poderia nos ajudar a fazer um balanço de como o mundo assumiu essa forma, e isso nos envolveria em uma magnitude diferente de responsabilidades. Nossa habilidade de narrar a nós mesmos não apenas em primeira pessoa, mas também, digamos, da posição de uma terceira pessoa, ou de receber um relato em segunda pessoa, pode realmente ajudar a expandir nossa compreensão das formas que o poder global assumiu. Mas, em vez de permanecermos abertos a uma consequente descentralização do Primeiro Mundo, tendemos a descartar qualquer esforço de explicação, como se explicar esses acontecimentos fosse lhes conceder racionalidade, como se explicá-los fosse nos envolver em uma identificação solidária com o opressor, como se entendê-los fosse criar um quadro de justificativas para eles. Nosso medo de entender um ponto de vista disfarça o medo mais profundo de que seremos tomados por ele, de que descobriremos que ele é contagioso, de que nos infectaremos de uma maneira moralmente perigosa pelo pensamento do suposto inimigo. Mas por que pressupomos isso? Afirmamos que fomos à guerra a fim de "exterminar" as fontes do terror, de acordo com Bush, mas pensamos que encontrar os indivíduos responsáveis pelos ataques aos Estados Unidos significaria chegar às raízes do problema? Não imaginamos que a invasão de um país soberano por uma população substancial de muçulmanos, apoiadores do regime militar do Paquistão que ativa e violentamente oprime a liberdade de expressão, obliterando vidas, vilas, casas e hospitais, irá promover um sentimento antinorte-americano e uma organização política mais amplamente disseminada e inflexível? Não estamos, estrategicamente falando, interessados em melhorar essa violência?

Não estamos, eticamente falando, obrigados a frear sua futura disseminação, a considerar nossos papéis de instigadores, e a fomentar e cultivar outro significado de uma cultura política global cultural e religiosamente diversa?

Parte do problema que os Estados Unidos enfrentam é que os liberais se alinharam silenciosamente ao esforço de guerra e forneceram, em alguma medida, o raciocínio que impede que a violência estatal estadunidense seja rotulada como terrorista. Não são apenas os republicanos conservadores que não querem ouvir falar dos "motivos". A esquerda "guerra justa" liberal deixou claro que não queria ouvir falar dos *"excuseniks"*. Essa cunhagem, reabilitando a retórica da Guerra Fria sobre a União Soviética, sugere que aqueles que procuram entender como o mapa global chegou a essa conjuntura ao se perguntarem como, em parte, os Estados Unidos contribuíram para a criação desse mapa são, eles mesmos, pelo estilo de sua investigação e pela forma de seus questionamentos, cúmplices de um inimigo declarado. Perguntar, no entanto, como certas ações políticas e sociais surgem e a origem dos recentes ataques terroristas nos Estados Unidos, e até mesmo identificar um conjunto de motivos, não é o mesmo que localizar a fonte de responsabilidade por essas ações, ou, de fato, o mesmo que paralisar nossa capacidade de fazer julgamentos éticos sobre o que é certo e errado.

Sem dúvida, a esquerda tem formas de análises que demonstram simplesmente que os Estados Unidos colheram o que semearam. Ou demonstram que os próprios Estados Unidos ocasionaram tal situação. Essas são, como explicações fechadas em si mesmas, simplesmente outras maneiras de afirmar a prioridade e codificar a onipotência estadunidense. São também explicações que pressupõem que tais ações se originam em um único sujeito, que esse sujeito não é o que parece ser, que os Estados Unidos ocupam os lugares desse sujeito, e que não existem outros sujeitos ou, se eles existem, suas agências estão subordinadas à nossa. Em outras palavras, esse tipo de paranoia política é apenas uma outra articulação da supremacia estadunidense. A paranoia é alimentada pela fantasia da onipotência. Podemos ver evidências disso em algumas das explicações mais extremas, como a de que os ataques do 11 de Setembro foram orquestrados pela CIA ou pelo Mossad, o serviço secreto israelense. É certo, no entanto, que Bin Laden fez um treinamento na CIA e que os Estados Unidos apoiaram o Talibã desde os anos 1990, quando ele foi considerado estrategicamente útil. Esses elos não são, exatamente, explicações causais, mas fazem parte de um quadro explanatório. Eles não se traduzem na noção de que os Estados Unidos realizaram esses atos, mas podemos ver como a conexão se torna ocasião para a redução causal e uma certa paranoia se amplifica ao apoderar-se de parte de uma imagem explanatória mais ampla.

O que geralmente se ouve quando essas opiniões são expressas é que os Estados Unidos são o agente culpado, ou seja, efetivamente, o autor desses acontecimentos, e que são o único responsável por esse resultado global. Esse tipo de lógica é inaceitável para a imprensa e para o público em geral, porque parece culpar a vítima. Mas seria essa a única maneira de ouvir esse ponto de vista? E esse ponto de vista teria apenas essa única forma? Parece que ser o mais preciso possível sobre esse ponto, e divulgá-lo onde possível, será crucial para qualquer esforço da esquerda em oferecer uma perspectiva antiguerra dentro do discurso público contemporâneo.

Se acreditarmos que pensar radicalmente a formação da situação atual é desculpar aqueles que cometeram atos de violência, congelaremos nosso pensamento em nome de uma moralidade questionável. Mas se congelarmos nosso pensamento dessa maneira, falharemos com a moralidade de uma maneira diferente. Falharemos em assumir a responsabilidade coletiva por uma compreensão completa da história que nos conduziu a essa conjuntura. Assim, iremos nos privar dos recursos críticos e históricos que precisamos para imaginar e praticar um outro futuro, que ultrapassará o atual ciclo de vingança.

Quando a presidente das Filipinas, Gloria Arroyo, em 29 de outubro de 2001, observou que "o terreno mais fértil [para o terrorismo] é a pobreza", ou Arundhati Roy declarou que Bin Laden foi "moldado a partir da costela de um mundo devastado pela política externa norte-americana", o que foi oferecido é menos do que uma explicação estritamente causal. Um "terreno fértil" não é necessariamente fértil, mas pode sê-lo. E a "costela" surgida de um mundo devastado pela política externa dos Estados Unidos surgiu, por definição, de um modo estranho e alquímico. É a partir da devastação que essa costela é formada, como se o osso pertencesse aos mortos, ou fosse ele mesmo a animação dos restos de um esqueleto. Essa forma de fazer alquimia não é a mesma utilizada por Deus ao criar Eva a partir da costela de Adão, vida gerando vida, mas precisa ser entendida como morte gerando morte, usando de um modo figurativo, não precisamente causal. De fato, os dois usam imagens – terrenos e ossos – para evidenciar um tipo de criação que excede o enquadramento estritamente causal. Ambos apontam para as condições, e não para as causas. A condição para o terrorismo pode ser necessária ou suficiente. Se é necessária, é uma situação sem a qual o terrorismo não consegue consolidar-se, algo que ele requer completamente. Se é suficiente, sua presença basta para que o terrorismo ocorra. Condições não "agem" da mesma maneira que agentes individuais agem, mas agente nenhum age sem elas. Elas são um pressuposto naquilo que fazemos, mas seria um erro personificá-las como se agissem em nosso lugar. Desse modo, podemos, e devemos, dizer que o imperialismo estadunidense é uma condição necessária para os ataques aos Estados Unidos, que esses ataques seriam impossíveis sem o horizonte imperialista dentro do qual eles acontecem. Mas para entender como o imperialismo estadunidense é figurado aqui, temos que entender não apenas como ele é vivenciado por aqueles que se veem como vítimas, mas como ele se insere em suas próprias formações como sujeitos atuantes e reflexivos.

Esse é o início de outro tipo de narrativa. E isso parece ser, por exemplo, o que Mary Kaldor aponta, no *The Nation*, quando afirma que "em muitas das áreas onde a guerra acontece e onde redes radicais selecionam novos recrutas, tornar-se um criminoso ou se unir a um grupo paramilitar é literalmente a única oportunidade para jovens desempregados e sem uma educação formal".[4] Que efeito tem na visão muçulmana dos Estados Unidos o assassinato de cerca de 200 mil cidadãos iraquianos, incluindo dezenas de milhares de crianças, e a subsequente inanição de populações muçulmanas, prevista a atingir 6 milhões até o fim deste ano, de acordo com a Concern?[5] Uma vida muçulmana é tão valiosa quanto uma vida do Primeiro Mundo? Os palestinos já recebem o estatuto de "humanos" na política e na imprensa dos Estados Unidos? Será que aquelas centenas de milhares de vidas muçulmanas perdidas nas últimas décadas de conflito receberão o equivalente aos obituários de um parágrafo do *New York Times* que buscam humanizar – muitas vezes por meio de dispositivos nacionalistas e familiares – aqueles norte-americanos que foram violentamente mortos? Seria a nossa capacidade de sentir o luto em uma dimensão global barrada precisamente pelo nosso fracasso em conceber vidas muçulmanas e árabes como *vidas*?

A resposta do ex-prefeito de Nova York, Rudolph Giuliani, às observações do príncipe saudita Alwaleed bin Talal, em 11 de outubro, levanta enfaticamente essa questão de aceitação do discurso crítico. O príncipe chegou com um cheque de 10 milhões de dólares em mãos destinado aos esforços de socorro ao World Trade Center e expressou ao mesmo tempo horror e condenação moral pelos ataques, pedindo que "os Estados Unidos adotem uma postura mais equilibrada em relação à causa palestina". O site da revista *Forbes* relatou a recusa do cheque por Giuliani da seguinte maneira. Em Nova York, Alwaleed disse: "Nossos irmãos palestinos continuam a ser massacrados pelas mãos de israelenses e o

---

[4] KALDOR, Mary. *The Nation*, Nova York, 5 nov. 2011, p. 16.

[5] A autora está se referindo à organização Concern Worldwide (https://www.concern.net/). Acesso em: 9 jul. 2019. (N.T.)

mundo vira a cara". Em uma entrevista coletiva de imprensa, Giuliani disse: "Essas declarações não estão apenas erradas, elas são parte do problema. Não há um equivalente moral a esse ataque. Não há justificativa... As pessoas que o cometeram perderam o direito de pedir uma justificativa quando assassinaram quatro ou cinco mil pessoas inocentes. Sugerir que há alguma justificativa para isso só abre espaço para que aconteça de novo".[6] O príncipe saudita, o sexto homem mais rico do mundo, de fato disse que ele condenava o terrorismo e expressou suas condolências pelas mais de três mil pessoas mortas quando aviões sequestrados atingiram o World Trade Center e o Pentágono.

Em uma reportagem de televisão no mesmo dia, Giuliani anunciou que a opinião de Alwaleed estava "completamente errada". Eu sugeriria aqui que não foi possível ouvir ambos os pontos de vista ao mesmo tempo porque o enquadramento usado para ouvi-los presume que um anula o outro, de modo que tanto a alegação de luto quanto a oferta de ajuda são consideradas falsas. Ou, o que se ouve é que o fracasso dos Estados Unidos em oferecer uma abordagem equilibrada à causa palestina fornece uma justificativa para os ataques. Alwaleed deixara claro, e isso ficou visível em seguida também em editorial do *New York Times*, que ele não achava que o fracasso da política estadunidense em honrar a causa palestina justificasse os ataques, fracasso esse que ele considera verdadeiro. Ele acreditava, no entanto, que as relações a longo prazo entre os Estados Unidos e a Arábia Saudita melhorariam se os primeiros adotassem uma abordagem mais equilibrada. Faz sentido supor que melhorar essas relações poderia levar a terrenos menos propícios ao extremismo islâmico. O próprio governo Bush, a seu modo, atesta essa crença ao buscar a possibilidade de um Estado palestino. Mas aqui não se poderia ouvir os dois pontos de vista ao mesmo tempo, e isso tem relação com o uso da palavra "massacre", que significa

---

[6] *Forbes* (versão on-line), Jersey City, 11 out. 2001.

que os israelenses massacraram e massacram palestinos em grande escala.

Assim como "terrorista", "massacre" é uma palavra que, na gramática hegemônica, deveria ser reservada a atos gratuitos de violência contra nações de Primeiro Mundo, se compreendo a gramática corretamente. Giuliani entende isso como um discurso de justificação, pois acredita que o massacre justifica a autodefesa militar. Ele considera as declarações de Alwaleed "absolutamente falsas", suponho, não por contestar que houve mortes no lado palestino e que os israelenses sejam os responsáveis por elas, mas porque considerá-las como "massacre" implicaria uma equivalência com as mortes das vítimas do World Trade Center. Parece, no entanto, que não devemos dizer que ambos os grupos tenham sido "massacrados", já que isso implicaria uma "equivalência moral", o que quer dizer, suponho, que o massacre de um grupo é tão ruim quanto o massacre do outro, e que ambos, de acordo com o enquadramento de Giuliani, teriam o direito à autodefesa como resultado.

Embora o príncipe tenha subsequentemente minado sua credibilidade ao demonstrar crenças antissemitas, alegando que a "pressão judaica" estava por trás da recusa do cheque por Giuliani, ele iniciou um debate e uma formulação importantes. Por que as mortes de israelenses e palestinos não são vistas como igualmente horríveis? Até que ponto a própria recusa em perceber a morte de palestinos como um "massacre" produziu uma ira imensurável por parte da população árabe que busca algum reconhecimento e resolução legítimos para esse contínuo estado de violência? Não é preciso entrar na atividade melancólica de quantificar e comparar opressões para entender o que o príncipe quis dizer, e subsequentemente disse — isto é, que os Estados Unidos precisam pensar em como seus próprios investimentos e práticas políticas ajudam a criar um mundo de enorme raiva e violência. Esse ponto de vista não sugere que os atos de violência perpetrados no 11 de Setembro sejam "culpa" dos Estados Unidos,

34

nem isenta quem os cometeu. Uma maneira de interpretar o que disse o príncipe é entender que os atos de terror foram inequivocamente errados e que os Estados Unidos também poderiam intervir de maneira mais produtiva na política global a fim de gerar condições nas quais essa resposta ao imperialismo estadunidense se tornasse menos provável. Isso não é o mesmo que responsabilizar exclusivamente os Estados Unidos pela violência perpetrada dentro de suas fronteiras, mas sim um pedido para que assumam um tipo diferente de responsabilidade na produção de condições globais mais igualitárias para a igualdade, a soberania e a redistribuição igualitária de recursos.

De maneira semelhante, o *New York Times* descreveu a crítica de Arundhati Roy sobre o imperialismo dos Estados Unidos como "anti-EUA", sugerindo que qualquer posição que procura criticamente reavaliar a política externa estadunidense à luz do 11 de Setembro e da guerra que se seguiu é anti-EUA ou, na verdade, cúmplice do suposto inimigo.[7] Isso é equivalente à supressão do dissenso e à recusa nacionalista de considerar os méritos de críticas desenvolvidas em outras partes do globo. A abordagem é injusta. Roy claramente condena Bin Laden, mas está disposta a questionar como tal condenação foi formulada. Condenar a violência e questionar como ela se originou são certamente duas questões distintas, que precisam ser analisadas em conjunto, justapostas, e reconciliadas dentro de uma análise mais ampla. Sob restrições contemporâneas ao discurso público, no entanto, esse tipo de pensamento dual não pode ser apreendido: ele é descartado como contraditório ou falso, e a própria Roy é tratada como uma diva ou uma figura *cult*, em vez de ser ouvida como uma crítica política e forte bússola moral.

Então, existiria uma maneira, nos termos de Roy, de entender Bin Laden como "nascido" da costela do imperialismo estadunidense (dado que ele tenha nascido de várias

---

[7] *The New York Times*, Nova York, 2 nov. 2001.

fontes históricas possíveis, uma das quais, crucialmente, é o imperialismo estadunidense) sem reivindicar que esse imperialismo seja o único responsável por suas ações, ou as de sua ostensiva rede? Para responder a essa pergunta, precisamos distinguir, provisoriamente, a responsabilidade individual da coletiva. Antes disso, então, precisamos situar a responsabilidade individual à luz de suas condições coletivas. Aqueles que cometem atos de violência são certamente culpados por eles; essas pessoas não são enganos ou mecanismos de uma força social impessoal, mas agentes com responsabilidades. Por outro lado, esses indivíduos são moldados, e estaríamos cometendo um erro se reduzíssemos suas ações a atos de vontade criados pelos próprios indivíduos ou a sintomas de uma patologia individual do "mal". Ambos os discursos do individualismo e do moralismo (entendidos como o momento em que a moralidade se esgota em atos públicos de denúncia) presumem que o indivíduo é o primeiro elo em uma corrente acidental que forma o significado de responsabilidade. Mas tomar os atos criados pelo indivíduo para o indivíduo como nosso ponto de partida em um raciocínio moral é precisamente excluir a possibilidade de questionar que tipo de mundo origina tais indivíduos. E o que é esse processo de "originar"? Quais condições sociais ajudam a formar os caminhos em que a escolha e a deliberação aparecem em seguida? Onde e como tais formações de sujeito podem ser infringidas? Como é que a violência radical se torna uma opção, vem a ser a única opção viável para alguns, a partir de algumas condições globais? Contra quais condições de violação elas reagem? E com quais recursos?

Fazer essas perguntas não quer dizer que as condições, e não o individual, sejam culpadas. É, antes de mais nada, repensar a relação entre condições e atos. Nossos atos não são formados por nós mesmos, mas condicionados. Somos, ao mesmo tempo, influenciados e influenciadores, e nossa "responsabilidade" está na junção entre os dois. O que posso fazer com as condições que me formam? O que elas me obrigam a fazer? O que posso fazer para transformá-las? Ser influenciado não é um fluxo completamente contínuo a ser um influenciador, e as forças que agem sobre nós não são responsáveis pelo que fazemos. De certa forma, e paradoxalmente, nossa responsabilidade aumenta quando somos submetidos à violência de outros. Somos influenciados violentamente, e parece que nossa capacidade de definir nosso próprio percurso nesses casos está totalmente comprometida. Apenas quando sofremos essa violência somos obrigados, eticamente, a nos perguntar como reagir a uma violação violenta. Que papel assumiremos na transmissão histórica da violência, quem nos tornaremos na resposta? Estaremos promovendo ou impedindo a violência em virtude da resposta que daremos? Responder à violência com violência pode parecer "fundamentado", mas seria essa, afinal, uma solução responsável? Da mesma forma, a denúncia moralista proporciona uma gratificação imediata, tem até mesmo o efeito de purificar temporariamente o interlocutor de toda a proximidade com a culpa pelo próprio ato hipócrita de denúncia. Mas seria isso o mesmo que responsabilidade, entendida aqui como o ato de fazer um balanço do nosso mundo e participar de sua transformação social de tal maneira que relações internacionais não violentas, cooperativas e igualitárias continuem sendo o ideal orientador?

Fazemos estas últimas perguntas não a fim de isentar os indivíduos que cometem violência, mas de assumir um tipo diferente de responsabilidade pelas condições globais de justiça. Como resultado, fez sentido, depois do 11 de Setembro, seguir simultaneamente duas linhas de conduta: encontrar aqueles que planejaram e implementaram a violência e responsabilizá-los de acordo com os padrões internacionais de crimes de guerra e em tribunais internacionais, independentemente do nosso ceticismo acerca de tais instituições (o ceticismo pode fornecer bases para a reforma ou para a criação de novas leis ou de novas instituições de implementação da lei). Na busca errática de uma solução militar, os Estados Unidos perpetram e exibem sua própria violência, criando um terreno fértil para que novas ondas de jovens muçulmanos se juntem a organizações terroristas. Isso não é uma boa maneira de pensar, estratégica e moralmente. Ignorando sua imagem de inimigo odiado por muitos na região, os Estados Unidos responderam à violência cometida contra eles consolidando sua reputação de poder militarista sem respeito por vidas fora do Primeiro Mundo. O fato de respondermos agora com mais violência é tomado como "mais uma prova" de que os Estados Unidos têm projetos violentos e antissoberanos na região. Lembrar-se das lições de Ésquilo e recusar esse ciclo de vingança em nome da justiça significa não apenas buscar reparação legal pelos erros cometidos, mas fazer um balanço de como o mundo chegou a esse ponto, precisamente para reformular-se novamente, e na direção da não violência.

Nossa responsabilidade coletiva não apenas como uma nação, mas como parte de uma comunidade internacional fundamentada em um compromisso de igualdade e cooperação não violenta, requer que nos perguntemos como essas condições vieram à tona e almejemos recriar condições políticas e sociais em terrenos mais sustentáveis. Isso significa, em parte, ouvir além do que somos capazes de ouvir. E significa também estarmos abertos a uma narrativa que nos descentraliza de nossa supremacia, tanto em suas formas de direita quanto de esquerda. Poderíamos entender que existem precedentes para esses acontecimentos e até mesmo saber que é urgente conhecer e aprender a partir de tais precedentes, à medida que procuramos impedi-los de operar no presente, ao mesmo tempo que insistimos que esses precedentes não "justificam" os acontecimentos violentos recentes? Se os acontecimentos não são compreensíveis sem essa história, isso não significa que o entendimento histórico forneça uma justificativa moral para os próprios acontecimentos. Só então alcançaremos a disposição de chegar à "raiz" da violência e começaremos a oferecer uma outra visão de futuro em vez daquela que perpetua a violência em busca de negá-la. E, em vez disso, nomearemos as coisas que nos impedem de pensar e agir radicalmente e bem sobre as opções globais.

Violência, luto, política

Proponho considerar uma dimensão da vida política que tem a ver com a nossa exposição à violência e nossa cumplicidade para com ela, com nossa vulnerabilidade à perda e ao trabalho de luto que se segue, e com a busca de uma base para a comunidade em tais condições. Não podemos precisamente "argumentar contra" essas dimensões da vulnerabilidade humana, na medida em que elas funcionam, de fato, como os limites do que se pode discutir, talvez até mesmo como a fecundidade do indiscutível. Não é que minha tese sobreviva a qualquer argumento contra ela: certamente existem várias maneiras de considerar a vulnerabilidade física e o trabalho de luto, e várias maneiras de entender essas condições dentro da esfera política. Mas se a oposição for à vulnerabilidade e ao próprio trabalho de luto, independentemente de como ela é formulada, então é melhor não entendermos tal oposição essencialmente como um "argumento". De fato, se não existisse oposição a essa tese, então não haveria um motivo para escrever este ensaio. E, se a oposição a essa tese não tivesse consequências, não haveria uma razão política para repensar a possibilidade de comunidade com base na vulnerabilidade e na perda.

Talvez, então, não devesse ser nenhuma surpresa que eu proponha começar, e terminar, com a questão do humano (como se houvesse alguma outra maneira de começarmos ou terminarmos!). Começamos por essa questão não por haver uma condição humana universalmente partilhada – certamente esse ainda não é o caso. A questão que me preocupa, à luz da violência global recente, é: quem conta como humano? Quais vidas contam como vidas? E, finalmente, o que *concede a uma vida ser passível de luto*? Apesar de nossas diferenças de lugar e história, minha hipótese é que é possível recorrer a um "nós", pois todos temos a noção do que é ter perdido alguém. A perda nos transformou em um tênue "nós". E se perdemos, logo tivemos, desejamos e amamos, lutamos por encontrar as condições para o nosso desejo. Em décadas recentes, por causa da AIDS, todos perdemos, mas existem outras perdas que nos afligem devido a doenças e conflitos globais; e existe também o fato de que mulheres e minorias, incluindo minorias sexuais, são, como comunidade, sujeitas à violência, expostas à sua possibilidade, se não à sua concretização. Isso significa que somos constituídos politicamente em parte pela vulnerabilidade social dos nossos corpos – como um local de desejo e de vulnerabilidade física, como um local de exposição pública ao mesmo tempo assertivo e desprotegido. A perda e a vulnerabilidade parecem se originar do fato de sermos corpos socialmente constituídos, apegados a outros, correndo o risco de perder tais ligações, expostos a outros, correndo o risco de violência por causa de tal exposição.

Não tenho certeza se sei quando o luto é bem-sucedido, ou quando um trabalho de luto está terminado. Freud mudou de ideia sobre esse assunto: ele sugeriu que um luto bem-sucedido significava ser capaz de trocar um objeto por outro;[8] mais tarde, afirmou que a incorporação do objeto,

---

[8] FREUD, Sigmund. Mourning and Melancholia. In: *The Standard Edition of the Complete Psychological Works of Sigmund Freud*. Londres: Hogarth Press, 1953-1974. v. 14. p. 243-258. [Edição brasileira: Luto e melancolia. In: *Neurose, psicose, perversão*. Tradução de Maria Rita Salzano Moraes. Autêntica: Belo Horizonte, 2018. (*Obras Incompletas*, v. 6).]

originalmente associada à melancolia, era essencial para o trabalho de luto.[9] A esperança inicial de Freud de que uma ligação pudesse ser retirada e, em seguida, refeita implicava uma certa substituição dos objetos como um sinal de esperança, como se a perspectiva de recomeçar na vida se utilizasse de uma espécie de promiscuidade do objeto libidinal.[10] Isso pode ser verdade, mas não acredito que um luto bem-sucedido signifique esquecer totalmente outra pessoa ou substituí-la, como se a possibilidade de substituição fosse algo que poderíamos nos esforçar para alcançar.

Talvez, pelo contrário, uma pessoa passe pelo trabalho de luto ao aceitar que a perda a mudará, possivelmente para sempre. Talvez o luto tenha a ver com concordar em passar por uma transformação (talvez se deva dizer *submeter-se* a uma transformação) cujo resultado final não podemos conhecer antecipadamente. Há a perda, como a conhecemos, mas há também seu poder transformador, que não pode ser mapeado ou planejado. Podemos tentar escolhê-lo, mas pode ser que essa experiência de transformação desconstitua as possibilidades de escolha. Não acredito, por exemplo, que uma pessoa consiga invocar a ética protestante quando se trata do luto. Ela não pode dizer para si mesma: "Oh, eu vou passar pela perda desta maneira, e este será o resultado, e vou me dedicar a este trabalho, e vou me esforçar para alcançar a resolução do luto que está diante de mim". Acredito que uma pessoa é atingida por ondas, que começa o dia com um objetivo, um projeto, um plano, e acaba se frustrando. A pessoa acaba derrotada. Está exausta, mas não sabe por quê. Há algo maior que o plano deliberado, o projeto, o conhecimento e a escolha da pessoa.

---

[9] FREUD, Sigmund. The Ego and the Id. In: *The Standard Edition of the Complete Psychological Works of Sigmund Freud*. Londres: Hogarth Press, 1953-1974. v. 19. p. 12-66. [Edição brasileira: *Freud (1923-1925) — O eu e o Id, "autobiografia" e outros textos*. Tradução de Paulo César de Souza. São Paulo: Companhia das Letras, 2011. (Obras Completas, v. 16).]

[10] FREUD. Luto e melancolia.

Algo toma conta de você: de onde isso vem? O que isso significa? O que nos domina em tais momentos, nos quais não somos mais os donos de nós mesmos? A que estamos amarrados? E pelo que somos tomados? Freud nos lembrou de que quando perdemos alguém, nem sempre sabemos o que se perdeu daquela pessoa que se foi.[11] Então, quando a pessoa perde, também se depara com um enigma: algo se esconde na perda, algo está perdido nos segredos da perda. Se o luto envolve saber o que foi perdido (e melancolia significava, originalmente, até certo ponto, não saber), então o luto conservaria uma dimensão enigmática, uma experiência do não saber provocada pela perda do que não podemos compreender completamente.

Quando perdemos certas pessoas, ou quando somos despossuídos de um lugar, ou de uma comunidade, podemos simplesmente sentir que estamos passando por algo temporário, que o luto passará e que alguma restauração da ordem anterior será alcançada. Mas talvez, quando passamos pelo que passamos, algo sobre o que somos nos é revelado, algo que delineia os laços que mantemos com os outros, que nos mostra que esses laços constituem o que somos, laços e elos que nos compõem. Não é como se um "eu" existisse independentemente aqui, e então simplesmente perdesse um "você" ali, especialmente se o apego ao "você" é parte do que compõe o "eu". Se eu perco você, nessas condições, não apenas passo pelo luto da perda, mas torno-me inescrutável a mim mesmo. Quem "sou" eu, sem você? Quando perdemos alguns desses laços que nos constituem, não sabemos quem somos ou o que fazer. De certa maneira, acho que perdi "você" apenas para descobrir que "eu" desapareci também. De outra maneira, talvez o que eu tenha perdido "em" você, aquilo para o qual não tenho um vocabulário pronto, seja uma relacionalidade composta não exclusivamente nem de mim e nem de você, mas concebida como *o laço* pelo qual esses termos são diferenciados e relacionados.

---

[11] FREUD. Luto e melancolia.

Muitas pessoas pensam que o luto é privado, que nos isola em uma situação solitária e é, nesse sentido, despolitizante. Acredito, no entanto, que o luto fornece um senso de comunidade política de ordem complexa, primeiramente ao trazer à tona os laços relacionais que têm implicações para teorizar a dependência fundamental e a responsabilidade ética. Se meu destino não é, nem no começo, nem no fim, separável do seu, então o "nós" é atravessado por uma relacionalidade que não podemos facilmente argumentar contra; ou melhor, podemos argumentar contra, mas estaríamos negando algo fundamental sobre as condições sociais da nossa própria formação.

Um dilema gramatical se segue. No esforço de explicar essas relações, poderíamos entender que eu as "tenho", mas quais são as implicações de "ter"? Poderia sentar e enumerá-las para você. Poderia explicar o que esta amizade significa, o que aquele amante significou ou significa para mim. Eu estaria me constituindo como um narrador imparcial de minhas relações. Ao dramatizar meu distanciamento, talvez só esteja mostrando que a forma de apego que estou demonstrando está tentando minimizar sua própria relacionalidade, invocando-a como uma opção, como algo que não toca na questão do que me sustenta fundamentalmente.

O que o luto exibe, ao contrário, é a servidão na qual nossas relações com os outros nos mantêm, de maneiras que nem sempre podemos contar ou explicar, que frequentemente interrompem o relato autoconsciente de nós mesmos que poderíamos tentar fornecer e que desafiam a própria noção de que somos, nós mesmos, autônomos, e de que estamos no controle. Poderia tentar contar aqui a história de como estou me sentindo, mas essa teria que ser uma história em que o "eu" que procura contar a história é interrompido ao contá-la; o próprio "eu" é posto em questão pela sua relação com o Outro, uma relação que não me deixa precisamente sem palavras, mas que, no entanto, confunde minha fala com os sinais de sua ruína. Conto uma história sobre as relações que escolhi apenas para expor, em algum lugar ao longo do caminho, como estou presa e arruinada por essas próprias relações. Minha narrativa vacila, como deve. Vamos encarar. Somos desfeitos uns pelos outros. E se não o somos, falta algo em nós. Esse parece ser o caso com o luto, mas só porque já era o caso com o desejo. Nem sempre permanecemos intactos. Podemos até querer, ou mesmo conseguir por um tempo, mas apesar de nossos melhores esforços, nos desfazemos, na face do outro, pelo toque, pelo cheiro, pelo tato, pela perspectiva do toque, pela memória do tato. E assim, quando falamos sobre "minha sexualidade" ou "meu gênero", como fazemos e como devemos fazê-lo, queremos dizer, no entanto, algo complicado que está parcialmente encoberto pelo nosso uso. Como um modo de relacionar-se, nem o gênero nem a sexualidade são precisamente uma possessão, mas sim uma forma de ser despossuído, uma forma de ser *para* ou *em virtude do* outro. Não é nem mesmo suficiente dizer que estou promovendo uma visão relacional do eu no lugar de uma visão autônoma, ou tentando redefinir a autonomia nos termos da relacionalidade. Apesar da minha afinidade com o termo "relacionalidade", talvez precisemos de uma outra linguagem para abordar a questão que nos preocupa, um modo de pensar sobre como não somos apenas constituídos por nossas relações, mas também despossuídos por elas.

Tendemos a narrar a história do movimento feminista e LGBT, por exemplo, de tal maneira que o êxtase tinha um papel proeminente nos anos 1960, 1970 e meados de 1980. Mas talvez o êxtase seja mais persistente que isso; talvez ele esteja conosco o tempo todo. Estar *ex-tasiado* significa, literalmente, estar fora de si mesmo, e, portanto, pode ter vários significados: ser transportado para além de si mesmo por uma paixão, mas também estar fora de si mesmo por causa de raiva ou luto. Penso que, se ainda posso me dirigir a um "nós", ou me incluir em seus termos, estou falando àqueles de nós que vivem, de certa maneira, *fora de si mesmos*, seja por paixão sexual, luto emocional ou fúria política.

Estou argumentando, se é que estou "argumentando", que temos um interessante predicamento político; na maioria das vezes, quando ouvimos falar sobre "direitos", entendemo-los como pertencentes a indivíduos. Quando argumentamos sobre proteção contra a discriminação, o fazemos enquanto um grupo ou uma classe. Nessa linguagem e nesse contexto, precisamos nos apresentar como seres delimitados – sujeitos distintos, reconhecíveis, delineados perante a lei, uma comunidade definida por algumas características compartilhadas. De fato, devemos ser capazes de usar essa linguagem para assegurar proteções e direitos legais. Mas talvez estejamos cometendo um erro se tomarmos as definições de quem somos, legalmente, como descrições adequadas do que somos. Embora essa linguagem possa estabelecer nossa legitimidade dentro de um enquadramento legal admitido nas versões liberais da ontologia humana, não faz justiça à paixão, ao luto e à raiva, todos os quais nos arrancam de nós mesmos, nos prendem a outros, nos transportam, nos desfazem, nos envolvem, irreversível, se não fatalmente, em vidas que não são as nossas.

Não é fácil entender como uma comunidade política é forjada a partir de tais laços. Falamos, e falamos por outros, a outros, e mesmo assim não há como destruir a distinção entre o Outro e nós mesmos. Quando utilizamos "nós", nada mais fazemos do que designar essa problemática. Não a resolvemos. Talvez ela seja, e deva ser, insolúvel. Essa disposição de nós mesmos fora de nós mesmos parece vir da vida física, de sua vulnerabilidade e sua exposição.

Ao mesmo tempo, essencial para tantos movimentos políticos é a reivindicação de integridade corporal e a autodeterminação. É importante afirmar que nossos corpos são, em certo sentido, *nossos*, e que temos o direito de reivindicar direitos de autonomia sobre eles. Essa afirmação é tão verdadeira para as reivindicações de direitos de lésbicas e gays à liberdade sexual quanto para as reivindicações do direito de pessoas trans à autodeterminação, assim como para as reivindicações de pessoas intersexuais de estarem livres de intervenções médicas e psiquiátricas coercivas. Ela continua sendo verdadeira para que todas as reivindicações sejam livres de ataques racistas, físicos e verbais, assim como a reivindicação do feminismo à liberdade reprodutiva, e também para aqueles cujos corpos trabalham sob coação, econômica e política, sob condições de colonização e ocupação. É difícil, se não impossível, fazer essas reivindicações sem recorrer à autonomia. Não estou sugerindo que deixemos de fazê-las. Temos que fazê-las, devemos fazê-las. Também não quero sugerir que temos que fazer essas reivindicações com relutância ou de forma estratégica. Definidas dentro do mapa mais amplo possível, elas são parte de qualquer aspiração normativa de um movimento que busque maximizar a proteção e as liberdades das minorias sexuais e de gênero, das mulheres e das minorias raciais e étnicas, especialmente porque elas atravessam todas as outras categorias.

Mas há também outra aspiração normativa que devemos procurar articular e defender? Existiria uma maneira pela qual o lugar do corpo e o modo como ele nos coloca fora de nós mesmos ou nos deixa além de nós mesmos abre um outro tipo de aspiração normativa dentro do campo da política?

O corpo implica mortalidade, vulnerabilidade, agência: a pele e a carne nos expõem ao olhar dos outros, mas também ao toque e à violência, e os corpos também ameaçam nos transformar na agência e no instrumento de tudo isso. Embora lutemos por direitos sobre nossos próprios corpos, os próprios corpos pelos quais lutamos não são apenas nossos. O corpo tem sua dimensão invariavelmente pública. Constituído como um fenômeno social na esfera pública, meu corpo é e não é meu. Entregue desde o início ao mundo dos outros, ele carrega essa marca, a vida social é crucial na sua formação; só mais tarde, e com alguma incerteza, reivindico meu corpo como meu, se é que o faço. De fato, se eu negar que antes da formação de meu "arbítrio" meu corpo me relacionava com outras pessoas que não escolhi ter ao meu lado, se eu construir uma noção de "autonomia" com base na negação da esfera de uma proximidade física primária e não desejada com outros, estaria então negando as condições sociais da minha corporificação em nome da autonomia? De certo modo, essa situação é literalmente familiar: adultos, que pensam estar exercendo julgamento no que diz respeito ao amor, certamente enfrentarão alguma experiência de humilhação ao refletir sobre o fato de que, quando bebês e crianças pequenas, amavam seus pais ou outras pessoas fundamentais de maneira absoluta e não crítica – e que algo desse padrão sobrevive em seus relacionamentos adultos. Posso querer reconstituir o meu "eu" como se ele estivesse estado aqui o tempo todo, um ego implícito demonstrando perspicácia desde o início; mas fazê-lo seria negar as várias formas de arrebatamento e sujeição que formaram a condição de meu surgimento como um ser individuado e que continuam a assombrar meu senso adulto de eu, não importa qual ansiedade e desejo eu possa sentir agora. A individuação é uma conquista, não um pressuposto, e certamente não uma garantia.

Existiria uma razão para apreender e afirmar tal condição da minha formação dentro da esfera política, uma esfera monopolizada por adultos? Se estou lutando por autonomia, não deveria lutar por outra coisa também, uma concepção invariável de mim mesma na comunidade, gravada por outros, impingindo-se neles também, e de maneiras que não estejam totalmente sob meu controle ou que não sejam claramente previsíveis?

Existiria uma maneira pela qual poderíamos lutar por autonomia em várias esferas, mas também considerar as exigências que nos são impostas vivendo em um mundo de seres que são, por definição, fisicamente dependentes uns dos outros, fisicamente vulneráveis uns aos outros? Não seria esse outro modo de imaginar a comunidade, em que somos semelhantes apenas por ter essa condição separadamente e, portanto, ter em comum uma condição que não pode ser pensada sem diferença? Esse modo de imaginar a comunidade afirma a relacionalidade não apenas como um fato descritivo ou histórico de nossa formação, mas também como uma dimensão normativa contínua de nossas vidas sociais e políticas, em que somos obrigados a fazer um balanço da nossa interdependência. De acordo com esse último ponto de vista, nos caberia considerar o lugar da violência em tal relação, pois a violência é, sempre, uma exploração desse laço primário, desse modo primário no qual estamos, como corpos, fora de nós mesmos e uns pelos outros.

Somos algo diferente de "autônomo" em tal condição, mas isso não significa que estejamos fundidos ou sem limites. Isso significa, no entanto, que quando pensamos sobre quem "somos" e buscamos nos representar, não podemos nos representar como meros seres limitados, pois os outros primeiros que fazem parte do meu passado não apenas vivem no entrelaçamento dos limites que me contêm (um significado de "incorporação"), mas também assombram o modo como eu sou, por assim dizer, periodicamente desfeita e acessível a tornar-me sem limites.

Voltemos à questão do luto, aos momentos em que a pessoa experimenta algo fora de seu controle e descobre que está fora de si, que não está em si mesma. Talvez possamos dizer que o luto contém a possibilidade de apreender um modo de despossessão que é fundamental para quem sou. Essa possibilidade não contesta a minha autonomia, mas qualifica tal reivindicação recorrendo à sociabilidade fundamental da vida física, às maneiras pelas quais estamos, desde o começo e em virtude de sermos corpos físicos, já lançados além de nós mesmos, e implicados em vidas que não são nossas. Se nem sempre sei o que se apossa de mim em tais ocasiões, e se nem sempre sei o que perdi em outra pessoa, pode ser que essa esfera de despossessão seja precisamente aquela que expõe o meu desconhecimento, a impressão inconsciente da minha sociabilidade primária. Poderia essa percepção proporcionar uma reorientação normativa para a política? Será que o luto – tão dramático para aqueles que, em movimentos sociais, sofreram inumeráveis perdas – forneceria uma perspectiva pela qual podemos começar a apreender a situação global contemporânea? Luto, medo, ansiedade, raiva. Nos Estados Unidos, fomos cercados pela violência, a tendo cometido e ainda a cometendo, a tendo sofrido, vivendo com medo dela, a planejando ainda mais, ou mesmo vivendo um futuro aberto de guerra infinita em nome de uma "guerra contra o terrorismo". A violência é certamente uma mancha terrível, uma maneira de expor, da forma mais aterrorizante, a vulnerabilidade primária humana a outros seres humanos. É uma forma pela qual somos entregues, sem controle, à vontade do outro, um modo em que a própria vida pode ser expurgada pela ação intencional do outro. Na medida em que cometemos violência, estamos agindo no outro, colocando o outro em risco, violando o outro, ameaçando expurgar o outro. De certa forma, todos nós vivemos com essa vulnerabilidade particular, uma vulnerabilidade ao outro que faz parte da vida física, uma vulnerabilidade a um chamado repentino vindo de algum lugar que não podemos antecipar. Essa vulnerabilidade, no entanto, torna-se altamente exacerbada sob certas condições sociais e políticas, especialmente aquelas em que a violência é um modo de vida e os meios para garantir a autodefesa são limitados.

Prestar atenção a essa vulnerabilidade pode se tornar a base de reivindicações por soluções políticas não militares, assim como a negação dessa vulnerabilidade por meio de uma fantasia de domínio (uma fantasia institucionalizada de domínio) pode alimentar os instrumentos da guerra. Não podemos, no entanto, afastar essa vulnerabilidade apenas com a força do pensamento. Temos que cuidar dela, até mesmo obedecê-la, quando começamos a pensar sobre quais políticas podem estar implicadas ao permanecermos com a ideia da vulnerabilidade física, uma situação na qual podemos ser derrotados ou sofrer perdas. Haveria algo a ser aprendido sobre a distribuição geopolítica da vulnerabilidade física de nossa própria exposição breve e devastadora a essa condição?

Penso, por exemplo, que vimos, estamos vendo, várias maneiras de lidar com a vulnerabilidade e o luto, de modo que, por exemplo, William Safire, citando Milton, escreve que devemos "banir a melancolia",[12] como se o repúdio à melancolia tivesse proporcionado qualquer outra coisa além da fortificação de sua estrutura afetiva sob outro nome, sendo que a melancolia já é o repúdio ao luto; de modo que, por exemplo, o presidente Bush anunciou em 21 de setembro de 2001 que passamos pelo processo do luto e que agora é hora de uma ação resoluta tomar o lugar do luto.[13] Quando o luto é algo a ser temido, nossos medos podem dar origem ao impulso de resolvê-lo rapidamente, bani-lo em nome de uma ação investida do poder de restaurar a perda ou devolver o mundo a uma ordem precedente, ou revigorar a fantasia de que o mundo precedente era ordenado.

Haveria algo a ganhar com o luto, com a sua persistência, com a nossa contínua exposição à sua força insuportável, e mesmo assim não tentar resolvê-lo pela violência? Haveria um ganho no domínio político ao manter o luto como parte do quadro no qual pensamos nossos laços internacionais? Se permanecêssemos com a sensação de perda, nos sentiríamos apenas apáticos e impotentes, como alguns podem temer? Ou retornaríamos, pelo contrário, a um senso de vulnerabilidade humana, para nossa responsabilidade coletiva pela vida física um do outro? Poderia a experiência de um deslocamento da segurança do Primeiro Mundo não condicionar a percepção sobre as formas radicalmente injustas que a vulnerabilidade física é distribuída globalmente? Foracluir essa vulnerabilidade, bani-la, nos tornar seguros à custa de qualquer outra consideração humana é erradicar um dos recursos mais

---

[12] SAFIRE, William. All Is Not Changed. *The New York Times*, Nova York, 27 set. 2001. p. A–21.

[13] A Nation Challenged; President Bush's Address on Terrorism before a Joint Meeting of Congress. *The New York Times*, Nova York, 21 set. 2001. p. B–4.

importantes dentre os quais devemos nos orientar e encontrar nosso caminho.

Enlutar e transformar o luto em um recurso para a política não é resignar-se à inação, mas pode ser entendido como o processo lento pelo qual desenvolvemos um ponto de identificação com o próprio sofrimento. A desorientação do luto – "Quem me tornei?", ou, de fato, "O que restou de mim?", "O que perdi no Outro?" – situa o "eu" no modo do desconhecimento.

Mas esse pode ser um ponto de partida para uma nova compreensão se a preocupação narcisista da melancolia puder ser deslocada para a consideração da vulnerabilidade dos outros. Então poderíamos avaliar criticamente e nos opor às condições em que certas vidas humanas são mais vulneráveis do que outras e, assim, certas vidas humanas provocam mais luto do que outras. De onde emergiria um princípio no qual prometeríamos proteger os outros dos tipos de violência que sofremos, se não de uma apreensão de uma vulnerabilidade humana comum? Não pretendo negar que a vulnerabilidade é diferenciada, que ela é distribuída diferentemente ao redor do mundo. Não pretendo nem mesmo supor uma noção comum do humano, embora falar em seu "nome" já seja (e apenas talvez) sondar sua possibilidade.

Estou me referindo à violência, à vulnerabilidade, ao luto, mas há uma concepção mais geral do humano com a qual estou tentando trabalhar aqui, na qual somos, desde o início, entregues ao outro, na qual somos, desde o início, mesmo antes da própria individualização, e em virtude de exigências físicas, entregues a algum conjunto de outros primários: essa concepção significa que somos vulneráveis àqueles que somos jovens demais para conhecer e julgar e, portanto, vulneráveis à violência; mas vulneráveis também a um outro tipo de contato, um que inclui a erradicação do nosso ser, de um lado, e o apoio físico para nossas vidas, de outro.

Embora insista em me referir a uma vulnerabilidade humana comum que surge com a própria vida, insisto também que não podemos recuperar a origem dessa vulnerabilidade: ela precede a formação do "eu". Essa é uma condição, uma condição de estar desde o começo privado e contra a qual não podemos argumentar. Quer dizer, podemos argumentar, mas talvez estejamos sendo tolos, se não correndo um risco ao fazê-lo. Não pretendo sugerir que o apoio necessário para um recém-nascido esteja sempre presente. Obviamente, não está, e para alguns essa cena primária é de abandono, violência ou fome, em que seus corpos são entregues ao nada, ou à brutalidade, ou à falta de sustento.

No entanto, não podemos entender a vulnerabilidade como uma privação, a menos que entendamos qual necessidade é frustrada. Tais crianças ainda devem ser percebidas como entregues, como entregues a ninguém ou a algum suporte insuficiente, ou a um abandono. Seria difícil, se não impossível, entender como os humanos sofrem com a opressão sem saber como essa condição primária é explorada e explorável, suprimida e negada. A condição de vulnerabilidade primária, de ser entregue ao toque do outro, mesmo que não haja um outro ali e nenhum suporte para nossas vidas, significa um desamparo e uma necessidade primários, sobre os quais qualquer sociedade deve tomar providências. Vidas são apoiadas e mantidas diferentemente, e existem formas radicalmente diferentes nas quais a vulnerabilidade física humana é distribuída ao redor do mundo. Certas vidas serão altamente protegidas, e a anulação de suas reivindicações à inviolabilidade será suficiente para mobilizar as forças de guerra. Outras vidas não encontrarão um suporte tão rápido e feroz e nem sequer se qualificarão como "passíveis de ser enlutadas".

Uma hierarquia do luto poderia, sem dúvida, ser enumerada. Já vimos isso nos obituários, nos quais vidas são rapidamente organizadas e resumidas, humanizadas, geralmente casadas, ou prestes a se casar, heterossexuais, felizes, monogâmicas. Mas esse é apenas um sinal de outra relação distinta com a vida, já que raramente, ou nunca, escutamos os nomes dos milhares de palestinos que morreram pelas mãos dos militares israelenses apoiados pelos Estados Unidos, ou o número indiscriminado de crianças e adultos afegãos. Eles têm nomes e rostos, histórias pessoais, famílias, passatempos favoritos, lemas pelos quais vivem? Que tipo de defesa contra a compreensão da perda está em ação na maneira alegre com a qual aceitamos as mortes causadas por meios militares, com um dar de ombros, com hipocrisia, ou com um claro espírito vingativo? Até que ponto os povos árabes, predominantemente praticantes do islamismo, foram excluídos do "humano", tal como foi naturalizado nos modelos "ocidentais" contemporâneos do humanismo? Quais são os contornos culturais do humano aqui em ação? Como os quadros culturais que usamos para pensar o conjunto humano limitam os tipos de perdas que podemos considerar como perdas? Afinal de contas, se uma pessoa está perdida, e essa pessoa não é um humano, então qual é e onde está a perda, e como ocorre o luto?

Esta última é certamente uma questão que os estudos gays, lésbicos e bissexuais têm levantado em relação à violência contra as minorias sexuais; que pessoas trans têm perguntado quando são vítimas de assédio e às vezes de assassinato; que pessoas intersexuadas – cujos anos de formação são muitas vezes marcados por uma violência indesejada contra seus corpos em nome de uma noção normativa do humano, uma noção normativa do que deve ser um corpo humano – têm perguntado. Essa questão é também, sem dúvida, a base de uma profunda afinidade entre os movimentos direcionados ao gênero e à sexualidade e os esforços de se opor às morfologias e capacidades humanas normativas que condenam ou apagam as pessoas com deficiência. A questão também compartilha afinidade com as lutas contra o racismo, dado que o diferencial racial sustenta as noções culturalmente viáveis do humano, aquelas que vemos representadas de maneira dramática e aterradora na arena global da atualidade.

Refiro-me não apenas aos humanos que não são considerados humanos e, portanto, a uma concepção restritiva do humano que se baseia em sua exclusão. Não se trata da simples entrada dos excluídos em uma ontologia estabelecida, mas de uma insurreição no nível da ontologia, do acesso crítico a estas questões: o que é real? A quem pertencem as vidas reais? Como a realidade pode ser refeita? Aqueles que são irreais já sofreram, de certo modo, a violência da desrealização. Qual é então a relação entre a violência e as vidas consideradas "irreais"? A violência afeta essa irrealidade? A violência ocorre sob a condição dessa irrealidade?

Se a violência é cometida contra aqueles que são irreais, então, da perspectiva da violência, não há violação ou negação dessas vidas, uma vez que elas já foram negadas. Mas elas têm uma maneira estranha de permanecer animadas e assim devem ser negadas novamente (e novamente). Elas não podem ser passíveis de luto porque sempre estiveram perdidas ou, melhor, nunca "foram", e elas devem ser assassinadas, já que aparentemente continuam a viver, teimosamente, nesse estado de morte. A violência renova-se em face da aparente inesgotabilidade do seu objeto. A desrealização do "Outro" significa que ele não está nem vivo nem morto, mas interminavelmente espectral. A paranoia infinita que imagina a guerra contra o terrorismo como uma guerra sem fim será aquela que se justifica em relação à infinidade espectral de seu inimigo, independentemente de haver ou não motivos estabelecidos para suspeitar da operação contínua de células terroristas com objetivos violentos.

Como podemos entender essa desrealização? Uma coisa é argumentar que, em primeiro lugar, no nível do discurso, certas vidas não são consideradas vidas, não podem ser humanizadas, não se encaixam em nenhum enquadramento dominante do humano, e que sua desumanização ocorre primeiramente nesse nível, e que esse nível, então, dá origem a uma violência física que, em certo sentido, transmite a mensagem de desumanização que já está em ação na cultura. Outra coisa é dizer que o próprio discurso afeta a violência por omissão. Se duzentas mil crianças iraquianas foram mortas durante a Guerra do Golfo e seu rescaldo,[14] teríamos nós uma imagem, um enquadramento para qualquer uma dessas vidas, individual ou coletivamente? Haveria uma história que podemos encontrar na mídia sobre essas mortes? Haveria nomes ligados a essas crianças? Não existem obituários para as vítimas da guerra que os Estados Unidos infligem, e eles não podem existir. Se existisse um obituário, uma vida haveria de ter existido, uma vida digna de nota, uma vida que valesse a pena ser valorizada e preservada, uma vida que se qualificasse para ser reconhecida. Embora possamos argumentar que seria impraticável escrever obituários para todas essas pessoas, ou para todo o mundo, acho que deveríamos perguntar, repetidamente, como o obituário funciona como o instrumento pelo qual a injustiça é publicamente distribuída. É o meio pelo qual uma vida se torna, ou deixa de se tornar, uma vida publicamente dolorosa, um ícone do autorreconhecimento nacional; o meio pelo qual uma vida se torna digna de nota. Como resultado, temos que considerar o obituário como um ato de construção da nação. A questão não é simples, pois, se uma vida não é digna de luto, ela não é bem uma vida; ela não se qualifica como uma vida e não é digna de nota. A vida já está desenterrada, se é que pode vir a ser enterrada.

Não se trata apenas, então, de um "discurso" de desumanização que produz esses efeitos, mas sim da existência de um limite ao discurso que estabelece os limites da inteligibilidade humana. Não é só que pouca evidência é dada a uma morte, mas sim que ela é impossível de ser evidenciada. Tal morte desaparece, não no discurso explícito, mas nas reticências pelas quais o discurso público caminha. As vidas queers que desapareceram no 11 de Setembro não foram publicamente acolhidas na identidade nacional construída nas

---

[14] GARFIELD, Richard. *Morbidity and Mortality among Iraqi Children from 1990 through 1998: Assessing the Impact of the Gulf War and Economic Sanctions.* Goshen, Indiana: Fourth Freedom Forum, 2002.

páginas dos obituários, e suas relações mais próximas foram apenas tardia e seletivamente tornadas elegíveis para compensações (a norma conjugal tomando conta mais uma vez). Mas isso não deveria ser surpresa quando pensamos quão poucas mortes causadas pela AIDS foram passíveis de luto público, e como, por exemplo, o grande número de mortes ocorrendo agora na África não é também evidenciado ou suscetível ao luto na mídia.

Um cidadão palestino dos Estados Unidos recentemente enviou para o jornal *San Francisco Chronicle* obituários de duas famílias palestinas que foram mortas por tropas israelenses, apenas para ouvir que eles não poderiam ser aceitos sem que as mortes fossem comprovadas.[15] A equipe do jornal disse que declarações *"in memoriam"* poderiam, no entanto, ser aceitas, e assim os obituários foram rescritos e reenviados no formato de memoriais. Esses memoriais foram então rejeitados, com a desculpa de que o jornal não gostaria de ofender ninguém. Temos que nos perguntar: sob quais condições o luto público constitui uma "ofensa" contra o próprio público, estabelecendo uma erupção intolerável nos termos do que se

---

[15] Os memoriais diziam o seguinte: "Em memória de Kamla Abu Sa'id, 42, e sua filha, Amna Abu-Sa'id, 13, palestinas dos campos de refugiados de El Bureij. Kamla e sua filha foram mortas em 26 de maio de 2002 pelas tropas israelenses, enquanto trabalhavam em uma fazenda na Faixa de Gaza. *In memoriam* de Ahmed Abu Seer, 7, uma criança palestina, morto em sua casa a tiros. Ahmed veio a óbito por causa de ferimentos fatais causados por estilhaços no coração e no pulmão. Ahmed era aluno do segundo ano do ensino fundamental de Al-Sidaak, em Nablus, e fará falta a todos que o conheceram. *In memoriam* de Fatime Ibrahim Zakarna, 30, e seus dois filhos, Bassem, 4, e Suhair, 3, todos palestinos. Mãe e filhos foram mortos em 6 de maio de 2002 por soldados israelenses enquanto colhiam folhas de uva em um campo na aldeia de Kabatiya. Eles deixam para trás Mohammed Yussef Zukarneh, marido e pai, e Yasmine, filha de 6 anos". Esses memoriais foram enviados pela seção dos Cristãos Árabes-Americanos pela Paz de São Francisco. O jornal recusou-se a publicar os memoriais, embora essas mortes tenham sido cobertas e verificadas pela imprensa israelense (informação obtida por e-mail privado).

pode dizer em público? O que poderia ser "ofensivo" sobre a declaração pública de luto e perda, de modo que memoriais funcionariam como um discurso ofensivo? Será que não deveríamos proclamar tais mortes em público, por medo de ofender aqueles que se aliam ao Estado e ao exército israelense? Será que essas mortes não são consideradas mortes de verdade, e que essas vidas não são suscetíveis ao luto por serem palestinas, ou por serem vítimas de guerra? Qual é a relação entre a violência pela qual essas mortes sem direito ao luto foram perdidas e a proibição de seu luto público? Seriam a violência e a proibição permutações da mesma violência? Existiria uma relação entre a proibição do discurso e a desumanização das mortes — e das vidas?

A relação entre a desumanização e o discurso é complexa. Seria simples demais argumentar que a violência implementa o que já está acontecendo no discurso, de modo que um discurso sobre a desumanização produza tratamentos, incluindo tortura e assassinato, estruturados pelo discurso. Aqui a desumanização emerge nos limites da vida discursiva, limites estabelecidos por meio da proibição e da foraclusão. Há menos uma desumanização discursiva em ação aqui do que a recusa de um discurso que produz como resultado a desumanização. A violência contra aqueles que já não estão exatamente vivos, ou seja, estão vivendo em um estado de suspensão entre a vida e a morte, deixa uma marca que não é uma marca. Não haverá nenhum ato público de luto (disse Creonte em *Antígona*). Se existe um "discurso", ele é silencioso e melancólico, e nesse discurso não existiram vidas, ou perdas; não existiu nenhuma condição física comum, nenhuma vulnerabilidade que servisse de base para a compreensão da nossa coletividade; e não existiu nenhuma separação dessa coletividade. Nada disso tem lugar na ordem dos acontecimentos. Nada disso acontece. Na resposta silenciosa do jornal, não houve nenhum acontecimento, nenhuma perda, e essa falha de reconhecimento é imposta por meio de uma identificação com aqueles que se identificam com os autores dessa violência.

Isso fica ainda mais evidente no jornalismo dos Estados Unidos, em que, com algumas notáveis exceções, pode-se esperar exposição e investigação públicas do bombardeio de alvos civis, da perda de vidas no Afeganistão, da dizimação de comunidades, infraestruturas, centros religiosos. Na medida em que os jornalistas aceitaram a responsabilidade de fazer parte do próprio esforço de guerra, o relato em si tornou-se um ato de fala a serviço das operações militares. De fato, após o terrível e brutal assassinato do jornalista Daniel Pearl, do *Wall Street Journal*, vários jornalistas começaram a escrever sobre eles mesmos como trabalhando nas "linhas de frente" da guerra. De fato, Daniel Pearl, "Danny" Pearl, é muito familiar para mim: ele poderia ter sido meu irmão ou meu primo; ele é tão facilmente humanizado; ele se ajusta ao quadro, seu nome contém o nome do meu pai. Seu sobrenome contém meu nome iídiche.

Mas aquelas vidas no Afeganistão – ou em outros alvos dos Estados Unidos –, que também foram assassinadas brutalmente e sem recurso a qualquer proteção, serão elas algum dia tão humanas quanto Daniel Pearl? Serão os nomes dos palestinos citados no memorial enviado ao *San Francisco Chronicle* algum dia trazidos a público? (Será que nos sentiremos obrigados a aprender a pronunciar esses nomes e a lembrá-los?) Não digo isso para defender o cinismo. Sou a favor do obituário público, mas diligente quanto a quem tem acesso a ele, e quais mortes nele podem ser enlutadas. Deveríamos certamente continuar a enlutar Daniel Pearl, mesmo que ele seja muito mais facilmente humanizado pela maioria dos cidadãos estadunidenses do que os afegãos sem nome obliterados pela violência dos Estados Unidos e da Europa. Mas temos que considerar como a norma que determina quem será um humano suscetível ao luto é circunscrita e produzida nesses atos permitidos de luto públicos como eles às vezes operam em conjunto com a proibição do luto público da vida de outros, e como essa distribuição diferencial do luto serve aos objetivos da desrealização da violência militar. O que se segue também a partir das proibições de declarações públicas

58

do luto é um mandato efetivo em favor de uma melancolia generalizada (e uma desrealização da perda) quando se trata de considerar *como mortos* aqueles que os Estados Unidos ou seus aliados mataram.

Finalmente, parece importante considerar que a proibição de certas formas do próprio luto público constitui a esfera pública na base de tal proibição. O público se formará na condição de que certas imagens não sejam divulgadas na mídia, de que certos nomes de pessoas mortas não sejam pronunciados, de que certas perdas não sejam declaradas como perdas, e de que a violência seja desrealizada e difusa. Tais proibições não apenas sustentam um nacionalismo baseado em seus objetivos e práticas militares, mas também suprimem qualquer divergência interna que poderia expor os efeitos concretos e humanos de sua violência.

Do mesmo modo, a extensa cobertura dos últimos momentos das vidas perdidas no World Trade Center conta histórias importantes e emocionantes, que fascinam e produzem uma intensa identificação ao despertar sentimentos de medo e tristeza. Não podemos deixar de imaginar, no entanto, que efeito humanizador essas narrativas têm. Com isso, não quero dizer simplesmente que elas humanizam as vidas que foram perdidas juntamente àquelas que escaparam por pouco, mas que reproduzem a cena e proporcionam a narrativa pela qual se estabelece "o humano" passível de luto. Não podemos encontrar na mídia, além de alguns relatos publicados na internet e divulgados principalmente por meio de e-mails, as narrativas de vidas árabes mortas de formas brutais. Nesse sentido, temos que nos perguntar em que condições uma vida passível de luto é estabelecida e mantida, e qual é a lógica de exclusão, qual é a prática de apagamento e denominação.

Enlutar Daniel Pearl não se apresenta como um problema para mim ou para minha família de origem. O seu nome é familiar, assim como seu rosto, uma história sobre educação que entendo e compartilho; a educação de sua mulher torna sua linguagem familiar, até comovente, para mim, uma proximidade do que é similar.[16] Em relação a ele, não me perturbo com a proximidade do não familiar, a proximidade da diferença que me faz trabalhar para forjar novos laços de identificação e reimaginar o que é pertencer a uma comunidade humana a qual não pode ser considerada em termos epistemológicos e culturais comuns. Sua história me leva para casa e me instiga a permanecer lá. Mas a que custo estabeleço o familiar como o critério pelo qual uma vida humana é passível de ser enlutada?

A maioria dos norte-americanos provavelmente experimentou algo como a perda de seu estatuto de cidadão de Primeiro Mundo como resultado do 11 de Setembro e suas consequências. Que tipo de perda é essa? É a perda da prerrogativa, apenas e sempre, de ser aquele que transgride as fronteiras soberanas de outros Estados, mas nunca está na posição de ter suas próprias fronteiras transgredidas. Os Estados Unidos deveriam ser o lugar que não poderia ser atacado, onde a vida se encontrava a salvo da violência vinda de fora, onde o único tipo de violência que conhecíamos era a que infligíamos a nós mesmos. A violência que infligimos aos outros é apenas – e sempre – seletivamente entregue ao público. Vemos agora que a fronteira nacional era mais permeável do que parecia. Nossa resposta geral é ansiedade, raiva; um desejo radical de segurança, um reforço das fronteiras contra o que é percebido como estranho; uma vigilância reforçada dos povos árabes e de qualquer um que pareça vagamente árabe no imaginário racial dominante, qualquer um que tenha traços de ascendência árabe, ou quem você considera como árabe – muitas vezes cidadãos, muitas vezes sikhs, muitas vezes hindus, às vezes até mesmo israelenses, especialmente sefarditas, muitas vezes árabes-americanos, recém-chegados ou que vivem nos Estados Unidos há décadas.

---

[16] Declaração de Mariane, esposa de Daniel Pearl, em BARRINGER, Felicity; JEHL, Douglas. US Says Video Shows Captors Killed Reporter. *The New York Times*, Nova York, 22 fev. 2002, p. A-1.

Vários alertas de terror emitidos pela mídia autorizam e aumentam a histeria racial, na qual o medo é dirigido a qualquer lugar e a lugar nenhum, em que os indivíduos são solicitados a ficarem atentos, mas sem saber sobre o que devem ficar atentos; dessa forma, todos estão livres para imaginar e identificar a fonte do terror. O resultado é o estímulo a um racismo amorfo, racionalizado pela alegação de "autodefesa". Um pânico generalizado trabalha em conjunto com o reforço do Estado soberano e com a suspensão de liberdades civis. De fato, quando o alerta é emitido, todos os membros da população são solicitados a se tornarem "soldados de infantaria" no exército de Bush. A presunção de cidadão de Primeiro Mundo é a perda de um certo horizonte de experiência, uma certa sensação de que o mundo em si seria um direito nacional.

Condeno a partir de várias perspectivas éticas a violência cometida contra os Estados Unidos e não a vejo como "punição justa" por seus pecados anteriores. Ao mesmo tempo, nosso trauma recente pode ser uma oportunidade de reconsiderarmos a arrogância estadunidense e a importância de estabelecermos laços internacionais mais radicalmente igualitários. Fazer isso envolve certa "perda" para o país como um todo: a noção do próprio mundo como um direito soberano dos Estados Unidos deve ser cedida, abandonada e enlutada, do mesmo modo que fantasias grandiosas e narcisistas devem ser abandonadas e enlutadas. A partir da experiência subsequente de perda e fragilidade, no entanto, emerge a possibilidade de criar diferentes tipos de laços. Esse luto pode (ou poderia) realizar uma transformação na nossa percepção dos laços internacionais que rearticularia de forma crucial a possibilidade de uma cultura política democrática aqui e em outros lugares.

Infelizmente, parece o caso de uma reação oposta. Os Estados Unidos afirmam sua soberania justamente em um momento em que a soberania da nação está denunciando sua própria fraqueza, se não seu crescente estatuto de anacronismo. Requerem ajuda internacional, mas insistem em ser a liderança. Quebram contratos internacionais e então perguntam quais países estão a favor ou contra a América. Expressam uma disposição em agir de maneira consistente com a Convenção de Genebra, mas se recusam a vincular-se a esse acordo, como estipulado por seu estatuto de signatário. Pelo contrário, os Estados Unidos decidem se irão agir de forma consistente com a doutrina, quais partes da doutrina serão aplicadas, e assim interpretam a doutrina unilateralmente. De fato, no exato momento em que eles afirmam agir coerentemente com a doutrina, como o fazem quando entendem o tratamento dado aos prisioneiros da Baía de Guantánamo como "humano", decidem unilateralmente o que será considerado humano, e desafiam abertamente a definição estipulada de tratamento humano exigida pela Convenção de Genebra. Bombardeiam unilateralmente, dizem que é hora de Saddam Hussein ser destituído, decidem onde e quando instalar democracias e para quem, utilizando meios dramaticamente antidemocráticos e inescrupulosos.

Nações não são o mesmo que psiques individuais, mas ambas podem ser descritas como "sujeitos", embora de grandezas diferentes. Quando os Estados Unidos agem, estabelecem a concepção do que significa agir como um norte-americano, estabelecem um modelo pelo qual essa noção pode ser entendida. Nos últimos meses, uma noção foi instaurada a nível nacional, soberana e extrajudicial, violenta e egocêntrica; suas ações constituem a busca por restaurar e manter seu domínio através da destruição sistemática de suas relações multilaterais, de seus laços com a comunidade internacional. Essa concepção se reforça, procura reconstituir sua totalidade imaginada, mas apenas ao preço de negar sua própria vulnerabilidade, sua dependência, sua exposição, em que explora esses mesmos aspectos em outros, tornando tais aspectos "alheios" a si mesmo.

Que essa foraclusão da alteridade ocorra em nome do "feminismo" é certamente algo com o que se preocupar. A súbita conversão feminista por parte do governo Bush, que retroativamente transformou a libertação das mulheres em justificativa para suas ações militares contra o Afeganistão, é um sinal da forma com a qual o feminismo, como alegoria, é usado a serviço da restauração da presunção da impermeabilidade do cidadão do Primeiro Mundo. Mais uma vez, vemos o espetáculo de "homens brancos salvando mulheres marrons de homens marrons", como Gayatri Chakravorty Spivak descreveu a exploração culturalmente imperialista do feminismo.[17] O feminismo se torna, nessas circunstâncias, inequivocamente identificado com a imposição de valores em contextos culturais intencionalmente desconhecidos. Certamente seria um erro avaliar o progresso do feminismo por meio de seu sucesso como projeto colonial. Parece mais crucial do que nunca separar o feminismo da sua presunção de Primeiro Mundo e usar os recursos da teoria feminista e do ativismo para repensar o significado do laço, do vínculo, da aliança, da relação, como são imaginados e vividos no horizonte de um igualitarismo contraimperialista.

O feminismo certamente poderia fornecer todos os tipos de respostas às seguintes perguntas: como um coletivo lida, afinal, com sua vulnerabilidade à violência? A que preço, e às custas de quem, esse coletivo consegue manejar a "segurança", e de que maneira a agressão que os Estados Unidos provocaram é devolvida em diferentes formas de violência? Podemos pensar na história da violência aqui sem exonerar aqueles que se engajam contra os Estados Unidos no presente? Podemos fornecer uma explicação bem-fundamentada de acontecimentos que não seja confundida com uma isenção moral da violência? O que houve com o valor da crítica como um valor democrático? Sob quais condições a própria crítica é censurada, como se qualquer crítica reflexiva pudesse ser apenas e sempre interpretada como fraqueza e falha?

Negociar uma vulnerabilidade repentina e sem precedentes – quais são as opções? Quais são as estratégias a longo

---

[17] SPIVAK, Gayatri Chakravorty. *A Critique of Postcolonial Reason: Toward a History of the Vanishing Present*. Cambridge: Harvard University Press, 1999. p. 303.

prazo? As mulheres conhecem bem essa questão, conhecem-na em quase todas as épocas, e nada acerca do triunfo dos poderes coloniais tornou nossa exposição a esse tipo de violência menos clara. Existe a possibilidade de parecer impermeável, de repudiar a própria vulnerabilidade. Nada sobre sermos socialmente constituídas como mulheres nos impede de simplesmente nos tornarmos violentas. E então há outra e antiga opção, a possibilidade de desejar a morte ou de estar morta, como um esforço inútil de antecipar o próximo golpe ou desviar dele. Mas talvez haja algum outro modo de viver em que a pessoa não se torne nem afetivamente morta nem mimeticamente morta, uma maneira de sair por completo do círculo de violência. Essa possibilidade tem a ver com reivindicar um mundo em que a vulnerabilidade do corpo seja protegida sem, por isso, ser erradicada, na insistência de sustentar a linha traçada entre esses dois termos.

Ao insistir em uma vulnerabilidade física "comum", posso parecer estar postulando uma nova base para o humanismo. Isso pode ser verdade, mas estou propensa a considerar essa ideia de uma forma diferente. A vulnerabilidade deve ser percebida e reconhecida a fim de entrar em jogo no campo ético, e não há nenhuma garantia de que isso possa acontecer. Não apenas existe sempre a possibilidade de a vulnerabilidade não ser reconhecida e de ser constituída como "irreconhecível", mas também a de, quando ela *for* reconhecida, esse reconhecimento ter o poder de alterar o significado e a estrutura da própria vulnerabilidade. Nesse sentido, se a vulnerabilidade é uma pré-condição para a humanização, e a humanização ocorre de maneira diferente por meio de normas variáveis de reconhecimento, entende-se que a vulnerabilidade dependente fundamentalmente das normas existentes de reconhecimento a fim de ser atribuída a qualquer sujeito humano.

Então, quando dizemos que toda criança é sem dúvida vulnerável, isso é claramente verdade; mas é verdade, em parte, precisamente porque o ato do anúncio encena o próprio reconhecimento da vulnerabilidade e mostra, portanto, a importância do próprio reconhecimento de sustentar a vulnerabilidade. Realizamos esse reconhecimento ao realizarmos essa reivindicação, e essa é certamente uma boa razão ética para fazer tal reivindicação. Fazemos a reivindicação, no entanto, precisamente porque ela não é presumida, precisamente porque ela não é honrada em nenhuma das instâncias. A vulnerabilidade assume outro significado no momento em que é reconhecida, e o reconhecimento exerce o poder de reconstituir a vulnerabilidade. Não podemos postular essa vulnerabilidade anterior ao reconhecimento sem reforçarmos a própria tese a que nos opomos (nossa postulação é ela mesma uma forma de reconhecimento, manifestando então o poder constitutivo do discurso). Esse quadro, no qual as normas de reconhecimento são essenciais para a constituição da vulnerabilidade como uma pré-condição do "humano", é importante precisamente por esse motivo, ou seja, porque precisamos e queremos que essas normas estejam em vigor, lutamos por suas instaurações e valorizamos suas contínuas e expansivas operações.

Consideremos que, no sentido hegeliano, a luta pelo reconhecimento exija que cada sujeito reconheça, na reciprocidade, não apenas que o outro precisa de reconhecimento e merece tê-lo, mas também que cada um, de maneira diferente, está compelido pela mesma necessidade, pelo mesmo requisito. Isso significa que não somos identidades separadas na luta pelo reconhecimento, mas que já estamos envolvidos em uma troca recíproca, uma troca que nos desloca de nossas posições, de nossas posições como sujeitos, e nos permite ver que a própria comunidade requer o reconhecimento de que estamos todos, de maneiras diferentes, lutando por reconhecimento.

Quando reconhecemos o outro, ou quando pedimos por reconhecimento, não estamos pedindo para que um Outro nos veja como somos, como já somos, como sempre fomos, como éramos constituídos antes do encontro em si.

Em vez disso, ao pedir, ao fazer um apelo, já nos tornamos algo novo, uma vez que somos constituídos em virtude de ter alguém se dirigindo a nós, uma necessidade e desejo pelo Outro que ocorre no sentido mais amplo da linguagem, sem o qual não poderíamos existir. Pedir por reconhecimento, ou oferecê-lo, é precisamente não pedir reconhecimento pelo que já somos. É solicitar um devir, instigar uma transformação, fazer um apelo ao futuro sempre em relação ao Outro. É também apostar a própria existência de si, e a própria persistência na existência de si, na luta pelo reconhecimento. Talvez essa seja uma interpretação de Hegel que estou oferecendo, mas também uma divergência, já que não vou me descobrir como sendo o mesmo "você" do qual eu dependo para existir.

Talvez neste ensaio eu tenha me movido muito apressadamente pelas especulações acerca do corpo enquanto local de uma vulnerabilidade humana comum, ainda que tenha insistido que essa vulnerabilidade é sempre diferentemente articulada, que não pode ser adequadamente pensada fora de um campo diferenciado de poder e, especificamente, fora da operação diferencial das normas de reconhecimento. Ao mesmo tempo, no entanto, eu provavelmente ainda insistiria que as especulações sobre a formação do sujeito são cruciais para entender a base de respostas não violentas à violação e, talvez ainda mais importante, a uma teoria da responsabilidade coletiva. Percebo que não é possível estabelecer analogias fáceis entre a formação do indivíduo e a formação, digamos, de culturas políticas centradas no Estado, e sou contra o uso da psicopatologia individual para diagnosticar ou mesmo simplesmente analisar os tipos de formações violentas nas quais estão envolvidas as formas de poder centradas e não centradas no Estado. Mas quando falamos do "sujeito", não estamos sempre falando a respeito de um indivíduo: estamos falando sobre um modelo para a agência e a inteligibilidade, muitas vezes baseado no poder soberano. Nos níveis mais íntimos, somos sociais; somos conduzidos em direção a um "você"; estamos fora de nós mesmos, constituídos a partir de normas culturais que nos precedem e ultrapassam, entregues a um conjunto de normas culturais e a um campo de poder que nos condicionam fundamentalmente.

A tarefa é, certamente, pensar essa suscetibilidade e vulnerabilidade primárias a partir de uma teoria de poder e reconhecimento. Essa é, sem dúvida, uma forma pela qual um feminismo psicanalítico politicamente informado poderia proceder. O "eu" que não chega a existir sem um "você" é também fundamentalmente dependente de um conjunto de normas de reconhecimento que não se originaram nem com o "eu" e nem com o "você". O que é prematuramente, ou tardiamente, chamado de "eu" é, no início, dominado, mesmo que por uma violência, um abandono, um mecanismo; sem dúvida parece melhor, nesse ponto, experimentar um fascínio com aquilo que é miserável ou abusivo do que não se deixar fascinar de forma alguma e, assim, perder a condição de ser e de vir a ser. O vínculo do cuidado radicalmente inadequado consiste nisso, ou seja, que o apego é crucial para a sobrevivência e que, quando este se realiza, ele o faz em relação a pessoas e a condições institucionais que podem muito bem ser violentas, empobrecedoras e inadequadas.

Se não se cria laços com uma criança, ela pode morrer e, sob certas condições, mesmo que esses laços sejam criados, ela pode estar ameaçada de não sobrevivência por outras razões. Portanto, o questionamento do apoio primário à vulnerabilidade primária é uma questão ética para a criança e para a infância. Mas existem consequências éticas mais amplas nessa situação que pertencem não apenas ao mundo adulto, mas à esfera política e a sua dimensão ética implícita.

Percebo que minha própria formação compromete o outro em mim, que minha própria estranheza para comigo mesma é, paradoxalmente, a fonte de minha conexão ética com os outros. Desse modo, não posso conhecer a mim mesma perfeitamente, nem o que me "difere" dos outros de maneira irredutível. Esse desconhecimento pode parecer, de uma determinada perspectiva, um problema para a ética e para a política. Não precisaria conhecer a mim mesma para agir com responsabilidade em relações sociais? Sem dúvida, sim, até certo ponto. Mas existiria um valor ético em meu desconhecimento? Estou violada, e percebo que a própria violação atesta o fato de que sou suscetível, entregue ao Outro de maneiras que não posso prever ou completamente controlar. Não consigo pensar apenas na questão da responsabilidade do Outro de forma isolada; se o fizer, me retiro do vínculo relacional que enquadra o problema da responsabilidade desde o início.

Se me percebo dentro do modelo humano, e se os tipos de luto público que estão disponíveis tornam claras as normas pelas quais o "humano" é constituído para mim, então me parece que sou constituída tanto por aqueles que enluto quanto por aqueles cujas mortes nego, cujas mortes sem nome e sem rosto formam um histórico melancólico do meu mundo social, se não do meu estatuto de cidadã de Primeiro Mundo. Antígona, correndo risco de morte ao enterrar seu irmão e contrariar o decreto de Creonte, exemplificava os riscos políticos de desafiar a proibição contra o luto público em tempos de crescente poder soberano e unidade nacional hegemônica.[18] Quais são as barreiras culturais contra as quais lutamos quando tentamos descobrir sobre as perdas que nos pedem para não enlutarmos, quando tentamos nomear e, assim, colocar sob a rubrica do "humano" aqueles que os Estados Unidos e seus aliados mataram? De forma semelhante, as barreiras culturais que o feminismo deve negociar precisam estar relacionadas ao funcionamento do poder e à persistência da vulnerabilidade.

Uma oposição feminista ao militarismo emerge a partir de várias fontes, de vários locais culturais, em várias expressões idiomáticas; ela não precisa – e, afinal, não pode – falar

---

[18] Ver BUTLER, Judith. *Antigone's Claim: Kinship Between Life and Death.* Nova York: Columbia University Press, 2000. [Edição brasileira: *O clamor de Antígona: parentesco entre a vida e a morte.* Tradução de André Cechinel. Florianópolis: Ed. da UFSC, 2014.]

em um único idioma político, e nenhum grande acerto de contas epistemológico precisa ser exigido. Esse parece ser o compromisso teórico, por exemplo, da organização Women in Black [Mulheres de Preto].[19] Surge um *desideratum* a partir do importante ensaio de Chandra Mohanty, "Under Western Eyes" [Sob olhos ocidentais], no qual ela afirma que as noções de progresso dentro do feminismo não podem ser equiparadas à assimilação das chamadas noções ocidentais de agência e mobilização política.[20] Nesse ensaio, ela argumenta que o quadro comparativo em que as feministas do Primeiro Mundo desenvolvem a crítica sobre as condições de opressão das mulheres do Terceiro Mundo, baseadas em alegações universais, não apenas interpreta erroneamente a agência das feministas do Terceiro Mundo, como também produz uma falsa concepção homogênea de quem elas são e do que querem. Em sua opinião, esse enquadramento também reproduz o Primeiro Mundo como sendo o local da agência feminista autêntica, criando um Terceiro Mundo monolítico contra o qual ele mesmo deve se entender. Finalmente, ela argumenta que a imposição de versões de agência nos contextos do Terceiro Mundo, enfocando a ostensiva falta de agência representada pelo véu ou pela burca, não apenas interpreta erroneamente os vários significados culturais que a burca pode carregar para as mulheres que a usam, mas também nega os próprios idiomas de agência que são relevantes para essas mulheres.[21] A crítica de

---

[19] SCOTT, Joan Wallach. Feminist Reverberations. *Differences*. Durham, v. 13, n. 3, p. 1-23, 2002.

[20] MOHANTY, Chandra. Under Western Eyes: Feminist Scholarship and Colonial Discourses. In: MOHANTY, Chandra; RUSSO, Ann; TORRES, Lourdes (Eds.). *Third World Women and the Politics of Feminism*. Indianápolis: Indiana University Press, 1991. p. 61-88.

[21] Ver também ABU-LUGHOD, Lila. Do Muslim Women Really Need Saving? Trabalho apresentado no simpósio RESPONDING TO WAR, realizado na Universidade de Columbia, Nova York, em fevereiro de 2002; ABU-LUGHOD, Lila. Entrevista com Nermeen Shaikh. *Asia Source*, 20 mar. 2002; ABU-LUGHOD, Lila (org.).

Mohanty é minuciosa e correta – e foi escrita há mais de uma década. Parece-me agora que a possibilidade de uma coligação internacional deve ser repensada com base nessa e em outras críticas. Tal coligação teria que ser modelada a partir de novos modos de tradução cultural e seria diferente de privilegiar esta ou aquela posição ou de pedir um reconhecimento que presume que todas nós estejamos fixas e congeladas em nossos vários lugares e em nossas posições de sujeito.

Poderíamos realizar vários debates intelectuais engajados ao mesmo tempo e, mesmo assim, nos encontrar unidos na luta contra a violência, sem termos que concordar com várias questões epistemológicas. Poderíamos discordar sobre o estatuto e o caráter da modernidade e, mesmo assim, nos encontrar unidos na reivindicação e na defesa dos direitos de mulheres indígenas à assistência médica, tecnologia reprodutiva, salários decentes, proteção física, direitos culturais, liberdade de reunião. Se você me visse em tal linha de protesto, se perguntaria como uma pós-moderna foi capaz de reunir a "agência" necessária para chegar lá? Duvido. Você presumiria que caminhei ou peguei o metrô! Da mesma forma, várias rotas nos levam à política, várias histórias nos trazem para a rua, vários tipos de raciocínios e crenças. Não precisamos nos fundamentar em um único modelo de comunicação, em um único modelo de razão, em um único conceito do sujeito antes de sermos capazes de agir. De fato, uma coligação internacional de ativistas feministas e pensadoras – uma coligação que afirma o pensamento de ativistas e do ativismo de pensadores e se recusa a colocá-los em categorias distintas que negam a complexidade real das vidas em questão – às vezes terá que aceitar a matriz de incomensuráveis crenças epistemológicas e políticas e modos e meios de ação que nos levam ao ativismo.

Remaking Women: Feminism and Modernity in the Middle East. Princeton: Princeton University Press, 1998.

Haverá diferenças entre as mulheres, por exemplo, sobre qual é o papel da razão na política contemporânea. Spivak insiste que não é a razão que politiza as mulheres tribais da Índia que são exploradas por firmas capitalistas, mas um conjunto de valores e uma percepção do sagrado que emerge através da religião.[22] E Adriana Cavarero afirma que não é porque somos seres de raciocínio que nos conectamos uns aos outros, mas o fazemos por estarmos expostos uns aos outros, exigindo um reconhecimento que não substitua aquele que reconhece por aquele que é reconhecido.[23] Queremos dizer, então, que é o nosso estatuto de "sujeitos" que nos une, embora, para muitos de nós, o "sujeito" seja múltiplo ou fraturado? A insistência do sujeito como precondição da agência política não apaga os modos mais fundamentais de dependência que nos prendem e dos quais emergem nosso pensamento e afiliação, a base de nossa vulnerabilidade, afiliação e resistência coletiva?

O que nos permite encontrar uns aos outros? Quais são as condições possíveis para uma coligação feminista internacional? Entendo que, para responder a essas perguntas, não podemos olhar para a natureza do "homem", ou para as condições a priori da linguagem, ou tampouco para as condições atemporais de comunicação. Precisamos considerar as demandas da tradução cultural que presumimos ser parte de uma responsabilidade ética (além das proibições explícitas de pensar o Outro sob o signo do "humano") enquanto tentamos pensar nos dilemas globais enfrentados pelas mulheres. Não é possível impor uma linguagem da política desenvolvida nos contextos do Primeiro Mundo às mulheres que estão enfrentando a ameaça da exploração econômica imperialista e da

---

[22] DEVI, Mahasweta. *Imaginary Maps: Three Stories*. Tradução para o inglês e introdução de Gayatri Chakravorty Spivak. Nova York; Londres: Routledge, 1995. p. 199.

[23] CAVARERO, Adriana. *Relating Narratives: Storytelling and Selfhood*. Tradução para o inglês de Paul Kottman. Nova York: Routledge, 2000.

obliteração cultural. Por outro lado, estaríamos errados em pensar que o Primeiro Mundo está *aqui* e o Terceiro Mundo está *lá*, que um segundo mundo estaria em *algum outro lugar*, que um subalterno subentende essas divisões. Essas topografias mudaram, e o que uma vez foi considerado como uma fronteira, aquilo que delimita e limita, é um local altamente povoado, se não a própria definição da nação, confundindo a identidade naquilo que pode muito bem se tornar uma direção bastante auspiciosa.

Se você me confunde, então você já é parte de mim, e eu não sou nada sem você. Não posso reunir o "nós", exceto ao encontrar a maneira pela qual estou amarrada a "você", ao tentar traduzir, e sim ao descobrir que minha própria língua deve partir-se e ceder se eu quiser conhecê-lo. Você é o que ganho com essa desorientação e perda. É assim que o humano passa a existir, repetidas vezes, como aquilo que ainda estamos para conhecer.

Detenção indefinida

Não sou um advogado. Não trabalho nessa área.
Donald Rumsfeld, Secretário de Defesa
dos Estados Unidos

Em 21 de março de 2002, o Departamento de Defesa, em conjunto com o Departamento de Justiça, emitiu novas diretrizes para os tribunais militares nos quais alguns dos prisioneiros detidos internamente, assim como na Baía de Guantánamo, seriam julgados pelos Estados Unidos. O que desde o início tem sido surpreendente a respeito dessas detenções, e continua a ser alarmante, é que o direito à defesa e, de fato, o direito a um julgamento não foram concedidos à maioria desses detentos. Os novos tribunais militares são, de fato, tribunais de justiça aos quais os detentos da guerra contra o Afeganistão têm direito. Alguns serão julgados, alguns não, e, enquanto escrevo isto, planos para julgar 6 dos 650 prisioneiros que permaneceram em cativeiro por mais de um ano acabam de ser anunciados. Os direitos de defesa, meios de apelação e repatriamento estipulados pela Convenção de Genebra não foram concedidos a nenhum dos prisioneiros em Guantánamo, e, embora os Estados Unidos tenham anunciado o reconhecimento de que o Talibã esteja "incluído" no Acordo de Genebra, eles deixaram claro que mesmo o Talibã não tem estatuto de prisioneiro de guerra; como, de fato, nenhum prisioneiro em Guantánamo tem. Em nome de um alerta de segurança e uma emergência nacional, a lei é efetivamente suspensa em suas instâncias nacionais e internacionais. E com a suspensão da lei surge um novo exercício de soberania do Estado, que não apenas ocorre fora da lei, mas por meio de uma elaboração das burocracias administrativas, nas quais os agentes agora não apenas decidem quem será julgado e quem será detido, mas também têm a palavra final sobre a detenção indefinida ou não de alguém. Com a publicação dos novos regulamentos, o governo dos Estados Unidos afirma que vários detentos em Guantánamo não serão julgados de maneira alguma, que ficarão presos indefinidamente.[24] Que tipo de inovação legal é a noção de detenção indefinida? E o que isso diz sobre a formação e extensão contemporâneas do poder do Estado? A detenção indefinida não apenas acarreta implicações em quando e onde a lei será suspensa, mas também na determinação do limite e do escopo da própria jurisdição legal. Ambos, por sua vez, acarretam implicações na extensão e nos processos autojustificatórios da soberania do Estado.

Em 1978, Foucault escreveu que a governamentalidade, entendida como o modo pelo qual o poder político gerencia e regula populações e bens, tornou-se a principal maneira pela qual o poder do Estado é vitalizado. Ele não fala, curiosamente, que o Estado é legitimado pela governamentalidade, apenas que é "vitalizado", sugerindo que o Estado, sem a governamentalidade, cairia em decadência. Foucault sugere que o Estado costumava ser vitalizado pelo

---

[24] Detention, Treatment, and Trial of Certain Non-Citizens in the War Against Terrorism. Departamento de Defesa, 12 dez. 2001. Essa declaração esclarece outra, feita em 13 de novembro pelo presidente Bush, que anunciava a criação de tribunais militares para cidadãos não americanos (ou não cidadãos) suspeitos de se envolverem em terrorismo militar.

poder soberano, com a soberania sendo entendida, tradicionalmente, como provendo legitimidade ao estado de direito e trabalhando como um fiador para as reivindicações representativas do poder estatal. Mas, à medida que a soberania nesse sentido tradicional foi perdendo sua credibilidade e função, a governamentalidade emergiu como uma forma de poder não apenas distinta da soberania, mas também como característica da modernidade tardia.[25] A governamentalidade é amplamente entendida como um modo de poder que se ocupa da manutenção e do controle de corpos e pessoas, da produção e da regulação de pessoas e populações, e da circulação de bens na medida em que sustentam e restringem a vida da população. A governamentalidade opera por meio de políticas e departamentos, por meio de instituições gerenciais e burocráticas, por meio da lei, quando a lei é entendida como "um conjunto de táticas", e por meio das formas de poder do Estado, embora não exclusivamente. Assim, a governamentalidade opera por instituições estatais e não estatais e por discursos que não são legitimados nem por eleições diretas e nem pela autoridade estabelecida. Marcada por um conjunto difuso de estratégias e táticas, a governamentalidade não obtém seu significado e propósito a partir de uma fonte única, de um sujeito soberano unificado. Em vez disso, as táticas que caracterizam a governamentalidade operam de forma difusa para dispor e ordenar populações e produzir e reproduzir sujeitos, suas práticas e crenças em relação a objetivos políticos específicos. Foucault sustentou, de forma ousada, que "os problemas da governamentalidade e as técnicas de governo tornaram-se as únicas questões políticas, o único espaço real para a luta política e para a

---

[25] FOUCAULT, Michel. Governmentality. In: BURCHELL, Graham; GORDON, Colin; MILLER, Peter (Eds.). *The Foucault Effect: Studies in Governmentality*. Chicago: University of Chicago Press, 1991. p. 87-104. [Edição brasileira: A governamentalidade. In: FOUCAULT, Michel. *Microfísica do poder*. Tradução de Roberto Machado. Rio de Janeiro: Graal, 1979.]

contestação" (p. 103). Para Foucault, foi precisamente a "governamentalidade que permitiu ao Estado sobreviver" (p. 103). As únicas questões políticas reais são aquelas que nos são vitais, e o que vitaliza essas questões dentro da modernidade, de acordo com Foucault, é a governamentalidade. Embora Foucault possa muito bem estar certo sobre a governamentalidade ter assumido esse estatuto, é importante considerarmos que a emergência desta nem sempre coincide com a desvitalização da soberania.[26] Pelo contrário, a emergência da governamentalidade pode depender da *des*vitalização da soberania em seu sentido tradicional: a soberania como uma função que legitima o Estado; a soberania como um locus unificado para o poder do Estado. A soberania nesse sentido não mais trabalha para suportar ou vitalizar o Estado, mas isso não exclui sua possibilidade de emergir como um anacronismo revitalizado dentro do campo político, livre de suas amarras tradicionais. De fato, embora a soberania tenha sido convencionalmente ligada à legitimidade do Estado e do estado de direito, fornecendo uma fonte e um símbolo unificados do poder político, ela não funciona mais dessa maneira. Sua perda não está livre de consequências, e seu ressurgimento no campo da governamentalidade marca o poder do anacronismo de animar o campo contemporâneo. Para considerarmos que a soberania emerge no campo da governamentalidade, temos que questionar, como Foucault certamente também questionou, a noção de história como um continuum. A tarefa do crítico, como Walter Benjamin sustentou, é, portanto, "forçar uma determinada época a sair do fluxo homogêneo da história" e "apreender a constelação

---

[26] Foucault disse isso com clareza quando, por exemplo, observou que "precisamos ver as coisas não em termos da substituição de uma sociedade de soberania por uma sociedade disciplinar e a subsequente substituição de uma sociedade disciplinar por uma sociedade de governo; na verdade, tem-se um triângulo, soberania – disciplina – governo, que tem como alvo primário a população e como mecanismo essencial os aparatos de segurança" (p. 102).

em que a sua própria época se insere, relacionando-se com uma determinada época anterior".[27]

Mesmo quando Foucault apresentou um relato de governamentalidade que emergiu como consequência da desvitalização da soberania, ele pôs em questão a cronologia, insistindo que as duas formas de poder poderiam existir simultaneamente. Eu gostaria de sugerir que a configuração atual do poder do Estado, em relação tanto à gestão de populações (a marca da governamentalidade) quanto ao exercício de soberania em ações que suspendem e limitam a jurisdição da própria lei, está reconfigurada nos termos da nova prisão de guerra. Embora Foucault faça o que ele chama de uma distinção analítica entre o poder soberano e a governamentalidade, sugerindo em vários momentos que a governamentalidade é uma forma posterior de poder, ele também mantém aberta a possibilidade de essas duas formas de poder coexistirem de várias maneiras diferentes, especialmente em relação àquela forma de poder que ele chamou de "disciplina". Do seu ponto de vista, o que não seria possível é prever qual forma essa coexistência tomaria nas atuais circunstâncias, ou seja, que a soberania, sob condições emergenciais em que o estado de direito é suspenso, ressurgiria no contexto da governamentalidade como a vingança de um anacronismo que se recusa a morrer. Essa soberania ressurgente se torna conhecida principalmente na instância do exercício da prerrogativa do poder. Mas o que é estranho, se não totalmente perturbador, é como essa prerrogativa é reservada tanto para o Poder Executivo do governo quanto para os funcionários administrativos, sem clara pretensão de legitimidade.

No momento em que o Poder Executivo assume o poder do Judiciário e investe na pessoa do presidente o poder

---

[27] BENJAMIN, Walter. Theses on the Philosophy of History. In: ARENDT, Hannah (Ed.). *Illuminations: Essays and Reflections*. Nova York: Schocken, 1968. p. 263. [Edição brasileira: Sobre o conceito de história. In: *O anjo da história*. Tradução de João Barrento. Belo Horizonte: Autêntica, 2013. p. 19-20.]

unilateral e final de decidir quando, onde e se um julgamento militar ocorrerá, é como se tivéssemos retornado a um tempo histórico em que a soberania era indivisível, antes que a separação de poderes se instalasse como pré-condição da modernidade política. Ou de uma maneira mais bem formulada: *o tempo histórico que julgamos passado acaba por estruturar o campo contemporâneo com uma persistência que refuta a história como cronologia.* No entanto, o fato de autoridades administrativas decidirem quem será detido indefinidamente e quem será candidato à possibilidade de um julgamento legitimamente questionável sugere que um exercício paralelo de decisão ilegítima é exercido dentro do campo da governamentalidade.

A governamentalidade é caracterizada por Foucault como às vezes empregando a lei como tática. Podemos ver os usos instrumentais para os quais a lei é utilizada na atual situação. A lei não é apenas tratada como uma tática, ela também é suspensa a fim de aumentar o poder discricionário daqueles que são solicitados a confiar em seu próprio julgamento para tomar decisões a respeito de questões fundamentais de justiça, vida e morte. Enquanto a suspensão da lei pode ser claramente entendida como uma tática da governamentalidade, nesse contexto também deve ser vista como o que abre espaço para o ressurgimento da soberania, e assim as operações trabalham juntas. A atual insistência do Estado de que a lei pode e deve ser suspensa nos aponta em direção a um fenômeno mais amplo, ou seja, que a soberania é reintroduzida nas próprias ações pelas quais o Estado estende seu domínio, sua própria necessidade e os meios pelos quais sua autojustificação ocorre. Espero mostrar como procedimentos de governamentalidade, irredutíveis à lei, são invocados a fim de ampliar e fortalecer formas de soberania igualmente irredutíveis à lei. Nenhum deles é necessariamente fundamentado na lei e nenhum utiliza táticas legais somente no campo de suas respectivas operações. A suspensão do estado de direito permite a convergência entre a governamentalidade e a soberania; a soberania é exercida no ato de suspensão, mas também no de autoalocação da prerrogativa legal; a governamentalidade denota uma operação do Poder Administrativo que é ilegal, mesmo que ela possa e de fato retorne à lei como um campo de operações táticas. O Estado não é nem identificado com os atos de soberania nem com o campo da governamentalidade, e ainda assim ambos agem em nome do Estado. A própria lei é suspensa ou vista como um instrumento que o Estado pode empregar a serviço da restrição e do monitoramento de uma dada população; o Estado não está sujeito ao estado de direito, mas a lei pode ser suspensa ou tática e parcialmente implementada a fim de atender às exigências de um Estado que busca cada vez mais alocar o poder soberano a seus poderes Executivo e Administrativo. A lei é suspensa em nome da "soberania" da nação, e aqui "soberania" denota o papel de qualquer Estado de preservar e proteger sua própria territorialidade. Com esse ato de suspensão da lei, o Estado é desarticulado em um conjunto de poderes administrativos que, de certa forma, está fora do aparato do próprio Estado; e as formas de soberania revitalizadas marcam a persistência de formas de poder político soberano para o Executivo que precedem a emergência do Estado em sua configuração moderna.

Evidentemente, é tentador dizer que algo chamado "Estado", imaginado como uma unidade poderosa, faz uso do campo da governamentalidade para reintroduzir e restabelecer suas próprias formas de soberania. Isso, sem dúvida, descreve mal a situação; no entanto, uma vez que a governamentalidade designa um campo de poder político no qual táticas e objetivos se tornaram difusos, esse poder não assume uma forma unitária e causal. Mas meu ponto é que, precisamente porque nossa situação histórica é marcada pela governamentalidade, e isso implica, até certo ponto, uma perda de soberania, essa perda é compensada pelo ressurgimento da soberania dentro do campo da governamentalidade. Soberanos mesquinhos brotam, reinando em meio a instituições burocráticas do Exército, mobilizados por objetivos e táticas de poder que eles não implantam ou controlam totalmente. E, no entanto,

DETENÇÃO INDEFINIDA

a tais figuras é delegado o poder de tomar decisões unilaterais, a responsabilidade por alguma lei, sem qualquer autoridade legítima. A soberania revitalizada não é, portanto, a soberania do poder unificado sob condições de legitimidade, nem a forma de poder que garante o estatuto representativo das instituições políticas. Ela é, antes de mais nada, um poder sem lei e privilegiado, um poder "desonesto" *par excellence*.

Deixe-me refletir primeiro sobre os atos contemporâneos do Estado antes de retornar a Foucault, não para "usá-lo" (como se ele fosse uma tecnologia), mas para repensar a relação entre soberania e lei que ele introduz. Para saber o que produz a extensão da soberania no campo da governamentalidade, primeiro precisamos discernir os meios pelos quais o Estado suspende a lei e os tipos de justificação que ele oferece para tal suspensão.

Com a publicação das novas regulamentações, o governo dos Estados Unidos alega que alguns detentos em Guantánamo não irão a julgamento de forma alguma, mas que ficarão detidos indefinidamente. É crucial nos perguntarmos sob quais condições algumas vidas humanas deixam de se tornar elegíveis aos direitos humanos básicos, se não universais. Como o governo dos Estados Unidos interpreta essas condições? E até que ponto existe um enquadramento racial e étnico por meio do qual essas vidas encarceradas são vistas e julgadas de tal forma que são consideradas menos que humanas, ou não fazendo parte da comunidade humana reconhecível? Além disso, ao sustentar que alguns presos serão detidos indefinidamente, o Estado aloca para si um poder continuadamente prolongado, aquele de julgar quem é perigoso e, portanto, não contemplado pelos direitos legais básicos. Ao deter alguns prisioneiros indefinidamente, o Estado apropria-se de um poder soberano definido em detrimento dos quadros legais, civis, militares e internacionais. Os tribunais militares podem absolver alguém de um crime, mas não apenas essa absolvição está sujeita à revisão obrigatória pelo Executivo, como o Departamento de Defesa também deixou claro que ela não necessariamente acabará com o aprisionamento. Além disso, de acordo com os novos regulamentos, aqueles julgados em tais tribunais não terão direito de apelar para os tribunais civis dos Estados Unidos (e estes, respondendo a apelos, até agora mantiveram que não têm jurisdição sobre Guantánamo, já que a baía está fora do território estadunidense). Podemos ver aqui que a própria lei é suspensa ou considerada como um instrumento usado pelo Estado a serviço de restringir e monitorar uma determinada população. Sob esse manto de soberania, o Estado passa a estender seu próprio poder a fim de prender indefinidamente um grupo de pessoas sem julgamento. No próprio ato pelo qual a soberania do Estado suspende a lei, ou contorna a lei para seus próprios benefícios, também amplia seu próprio domínio, sua própria necessidade, e desenvolve os meios pelos quais a justificação de seu próprio poder ocorre. Naturalmente, esse não é o "Estado" como um todo, mas um ramo do Executivo trabalhando em conjunto com uma reforçada ala administrativa-militar.

Nesse sentido, o Estado aumenta seu próprio poder de pelo menos duas maneiras distintas. No contexto dos tribunais militares, os julgamentos não geram conclusões independentes que não possam ser revertidas pelo Poder Executivo. A função dos julgamentos é, portanto, principalmente consultiva. O Poder Executivo, em conjunto com a administração militar, não apenas decide se um detento será ou não julgado, mas escolhe o tribunal, analisa o processo e mantém a palavra final sobre questões de culpa, inocência e punição, incluindo a pena de morte. Em 24 de maio de 2003, Geoffrey Miller, comandante em Camp Delta, nova base em Guantánamo, explicou em entrevista que as salas de execução estavam sendo construídas em antecipação à implantação da pena de morte.[28] Como os detentos não têm direito a esses julgamentos, já

---

[28] Geoffrey Miller fez essas declarações em uma entrevista concedida em 24 de maio de 2003 a David Dennie, do *Daily Telegraph*, jornal australiano.

DETENÇÃO INDEFINIDA

que eles são oferecidos de acordo com a vontade do Poder Executivo, não há nenhuma semelhança com uma separação de poderes nessas circunstâncias. Aqueles que são detidos indefinidamente terão seus casos periodicamente revisados por agentes – e não pelas cortes. A decisão de encarcerar alguém indefinidamente não é feita a partir de revisões executivas, mas por um conjunto de administradores que recebem amplas orientações políticas segundo as quais agem. Nem a decisão de encarcerar nem a de acionar o tribunal militar é fundamentada na lei. Elas são determinadas por julgamentos discricionários que funcionam dentro de uma lei fabricada ou que fabricam a lei conforme essas decisões são tomadas. Nesse sentido, ambos os julgamentos já se encontram fora da esfera da lei, uma vez que a determinação de quando e onde, por exemplo, um julgamento será dispensado ou uma detenção será considerada indefinida não ocorre dentro de um processo legal, estritamente falando; não é uma decisão tomada por um juiz para o qual provas devem ser apresentadas na forma de um caso em conformidade com certos critérios estabelecidos ou com certos protocolos de evidência e argumento. A decisão de encarcerar, de continuar a encarcerar alguém indefinidamente é um julgamento unilateral feito por agentes do governo que simplesmente consideram que certos indivíduos – ou, na verdade, um grupo deles – representam perigo para o Estado. Esse ato de "considerar" ocorre no contexto de um estado de emergência declarado no qual o Estado exercita sua prerrogativa de poder que envolve a suspensão da lei, incluindo um devido processo legal para esses indivíduos. O ato é garantido por aquele que age, e ao "considerar" uma pessoa como perigosa, isso já é suficiente para transformá-la em um perigo e justificar sua detenção indefinida. Aquele que toma tal decisão assume uma forma de poder sem lei e totalmente eficaz, tendo como consequência não apenas a privação de uma pessoa encarcerada sem possibilidade de um julgamento, um desafio ao direito internacional, mas também a atribuição, ao burocrata governamental, de um poder extraordinário sobre a vida e a morte. Aqueles que decidem se uma pessoa será encarcerada, e se continuará assim, são agentes governamentais, não eleitos, e que não fazem parte do Judiciário. Eles são, em vez disso, parte do aparato da governamentalidade; suas decisões, o poder que eles detêm de "considerar" uma pessoa um perigo e de efetivamente transformá-la em perigosa são poderes soberanos, um ressurgimento fantasmagórico e violento da soberania em meio à governamentalidade.

Wendy Brown ressalta que a distinção entre a governamentalidade e a soberania é, para Foucault, exagerada por razões táticas, a fim de mostrar o funcionamento do poder do Estado fora do estado de direito:

> O governo, nesse sentido amplo, inclui, porém não é redutível a questões de regras, legitimidade ou instituições do Estado – trata-se de encurralar, ordenar, dirigir, administrar e aproveitar a energia, necessidade, capacidade e desejo humanos, e isso é conduzido por meio de vários registros institucionais e discursivos. O governo, nesse sentido, se encontra em forte contraste com o Estado: enquanto Foucault reconhece que o Estado pode ser "não mais do que uma realidade composta e uma abstração mítica", como um significante, ele é um poder que contém e nega, que não captura as maneiras pelas quais os sujeitos e os cidadãos são produzidos, posicionados, classificados, organizados e, acima de tudo, mobilizados por um conjunto de locais e capacidades governantes. O termo governo utilizado por Foucault também é contrastado à regra, ou, mais precisamente, ao fim da monarquia e à dissolução da homologia entre família e política, com a regra deixando de ser a modalidade de governo dominante ou até a mais importante. No entanto, Foucault não está argumentando que a governamentalidade – cálculos e táticas que têm a população como alvo, que envolvem aparatos governamentais específicos, assim como complexos conhecimentos

fora desses aparatos, convertendo o próprio Estado em um conjunto de funções administrativas em vez de funções governantes ou funções orientadas pela justiça – substitui cronologicamente a soberania e o governo.[29]

Giorgio Agamben também recusa o argumento cronológico que situaria a soberania antes da governamentalidade. Para Brown, tanto a "governamentalidade" quanto a "soberania" caracterizam modos de conceber o poder, em vez de fenômenos historicamente concretos que se sucedem através do tempo. Agamben, de maneira diferente, argumenta que as formas contemporâneas de soberania existem em *uma relação estruturalmente inversa* ao estado de direito, emergindo justamente no momento em que este é suspenso e removido. A soberania nomeia esse poder que retira e suspende a lei.[30] De certo modo, proteções legais são retiradas, e a própria lei se retira do domínio habitual de sua jurisdição; assim, esse domínio se torna aberto tanto para a governamentalidade (aqui entendida como um campo extrajudicial da política e do discurso que pode transformar a lei em tática) quanto para a soberania (aqui entendida como uma autoridade extrajudicial que pode muito bem instituir e impor leis de sua própria criação). Agamben observa que a soberania se afirma ao decidir o que será e o que não será um estado de exceção, a ocasião em que o estado de direito é suspenso. Ao conceder o estatuto de excepcional a um determinado caso, o poder soberano surge em uma relação inversa à suspensão

---

[29] BROWN, Wendy. The Governmentality of Tolerance. In: *Regulating Aversion: A Critique of Tolerance in the Age of Identity and Empire*. Princeton: Princeton University Press, 2008.

[30] AGAMBEN, Giorgio. *Homo Sacer: Sovereign Power and Bare Life*. Tradução para o inglês de Daniel Heller-Roazen. Stanford: Stanford University Press, 1998. [Edição brasileira: *Homo sacer: o poder soberano e a vida nua I*. Tradução de Henrique Burigo. Belo Horizonte: Ed. da UFMG, 2002.]

da lei. Com a lei suspensa, a soberania é exercida; além disso, a soberania passa a existir na medida em que um domínio – entendido como "a exceção" – imune à lei é estabelecido: "O que é excluído na exceção se mantém em relação à regra na forma de suspensão da regra. A regra aplica-se à exceção ao não mais aplicar-se, ao retirar-se dela" (p. 18).

Citando Carl Schmitt, Agamben descreve o controle da soberania sob a esfera da legalidade pelo estabelecimento do que i rá ser qualificado como a exceção à regra legal: "A decisão soberana 'prova que não precisa de lei para criar lei'. O que está em questão na exceção soberana não é nem tanto o controle ou a neutralização de um excesso, mas sim a criação e definição do próprio espaço em que a ordem judicial–política possa ser válida" (p. 19). O ato pelo qual o Estado anula sua própria lei deve ser entendido como uma operação de poder soberano ou, ainda, como a operação pela qual um poder soberano sem lei surge ou, na verdade, ressurge em um novo formato. O poder do Estado não se esgota completamente por meio de seus exercícios legais: ele mantém, entre outras coisas, uma relação com a lei, diferenciando-se dela em virtude da relação que assume. Para Agamben, o Estado revela seu estatuto extrajudicial quando designa um estado de exceção ao estado de direito, retirando seletivamente, assim, a lei de sua aplicação. O resultado é uma produção de um universo paralegal que atende pelo nome de lei.

Minha opinião pessoal é que uma versão contemporânea da soberania, revitalizada por uma nostalgia agressiva que procura se livrar da separação de poderes, é produzida no momento dessa retirada, e que precisamos considerar o ato de suspensão da lei como emblemático, dando vida a uma configuração contemporânea da soberania ou, mais precisamente, revitalizando uma soberania espectral dentro do campo da governamentalidade. O Estado *produz*, pelo ato de retirada, uma lei que não é lei, uma corte que não é corte, um processo que não é processo. O estado de emergência devolve a operação do poder de um conjunto de leis (jurídicas) a um conjunto de regras (governamentais), e essas regras restabelecem o poder soberano: regras que não são vinculativas em virtude da lei estabelecida ou dos modos de legitimação, que são totalmente discricionárias, até mesmo arbitrárias, exercidas por agentes que as interpretam unilateralmente e decidem a condição e a forma nas quais elas serão invocadas. A governamentalidade é a condição desse novo exercício de soberania no sentido em que ela estabelece primeiramente a lei como uma "tática", algo de valor instrumental, e não como um "vínculo" em virtude de seu estatuto de lei. De certo modo, a autoanulação do direito sob a condição de um estado de emergência revitaliza o "soberano" anacrônico como os novos sujeitos recém-revigorados do Poder Administrativo. Naturalmente, eles não são soberanos de verdade: seus poderes são delegados, e eles não controlam totalmente os objetivos que animam suas ações. O poder os precede e os constitui como "soberanos", fato que já refuta a soberania. Eles não são totalmente autossuficientes; eles não oferecem funções representativas ou legitimadoras à política. Todavia, eles são constituídos, dentro dos limites da governamentalidade, como aqueles que decidirão e decidem quem será detido e quem não será, quem poderá pôr o pé fora da prisão novamente e quem não poderá, e isso constitui uma delegação enormemente importante e uma significativa tomada de poder. Eles são influenciados, mas também influenciam, e suas ações não estão sujeitas a revisão por parte de qualquer autoridade judicial superior. A decisão de onde e quando convocar um tribunal militar é, em última análise, executiva, mas novamente o Poder Executivo toma tal decisão de forma unilateral, de modo que, em cada caso, a retração da lei reproduz o poder soberano. No primeiro caso, o poder soberano emerge como o poder do "agente" administrativo – e um pesadelo kafkaniano (ou um drama sádico) se realiza. No último caso, a soberania retorna ao Executivo e a separação de poderes é eclipsada.

Podemos, e devemos, rejeitar a noção de que os direitos estão sendo suspensos indefinidamente e que é errado os indivíduos viverem sob tais condições. Embora faça sentido que o governo estadunidense tome medidas imediatas para deter aqueles contra os quais há evidências de uma possível prática de violência contra os Estados Unidos, isso não significa que esses suspeitos devam ser considerados culpados ou que lhes deva ser negado o devido processo legal. Esse é o argumento do ponto de vista dos direitos humanos. Do ponto de vista de uma crítica ao poder, no entanto, também precisamos nos opor, politicamente, à extensão indefinida de poder ilegal que essas detenções prenunciam. Se a detenção pode ser indefinida, e tais detenções presumivelmente se justificam através de um estado de emergência, então o governo dos Estados Unidos pode protelar um estado de emergência indefinido. Parece que o Estado agora, em função executiva, estende situações de estado de emergência para que ele mesmo tenha recursos sobre as detenções extrajudiciais e sobre a suspensão da lei estabelecida, tanto a interna quanto a internacional, em um futuro próximo. Assim, a detenção indefinida estende continuadamente esse poder sem lei. De fato, a detenção indefinida de um detento sem julgamento – ou de um detento julgado em um tribunal militar que continua encarcerado independentemente do resultado – é uma prática que pressupõe a extensão indefinida da guerra contra o terrorismo. E se essa guerra se torna uma parte permanente do aparato estatal, uma condição que justifica e amplia o uso de tribunais militares, então o Poder Executivo estabeleceu efetivamente sua própria função judiciária, sobrepondo-se à separação dos poderes, ao mandado de *habeas corpus* (garantido, ao que parece, pela localização geográfica da Baía de Guantánamo fora das fronteiras dos Estados Unidos, em terras cubanas, mas não sob o domínio cubano) e ao direito ao devido processo legal. As proteções constitucionais não são apenas suspensas indefinidamente, uma vez que o Estado (em sua função executiva ampliada) arroga a si próprio o direito de suspender a Constituição ou de manipular a geografia das detenções e dos julgamentos, de maneira que os direitos constitucionais e internacionais são efetivamente suspensos. O Estado arroga a seus agentes o direito de suspender direitos, o que significa que, se a detenção for indefinida, então não existe um fim previsível para essa prática do Poder Executivo (ou do Departamento de Defesa) de decidir, unilateralmente, onde e quando suspender direitos constitucionalmente protegidos, ou seja, suspender a Constituição e o estado de direito, produzindo assim uma forma de poder soberano nesses atos de suspensão.

Esses prisioneiros em Camp Delta (anteriormente conhecido por Camp X-Ray), detidos indefinidamente, não são nem mesmo chamados de "prisioneiros" pelo Departamento de Defesa ou por representantes da atual administração dos Estados Unidos. Chamá-los de prisioneiros sugeriria que direitos internacionalmente reconhecidos relativos ao tratamento dos prisioneiros de guerra deveriam ser levados em consideração. Em vez disso, eles são "detentos", aqueles que esperam, aqueles para quem a espera pode ser interminável. Na medida em que o Estado organiza esse estado pré-legal como "indefinido", ele afirma que haverá aqueles detidos pelo governo para os quais a lei não se aplicará, não apenas no presente, mas por um futuro indefinido. Em outras palavras, haverá aqueles para os quais a proteção da lei será adiada indefinidamente. O Estado, em nome de seu direito de se proteger e por meio da retórica da soberania, amplia seu poder para além da lei e desafia os acordos internacionais, pois, se a detenção é indefinida, o exercício ilegal da soberania do Estado também se torna indefinido. Nesse sentido, a detenção indefinida fornece a condição para o exercício indefinido do poder estatal extrajudicial. Embora a justificativa para não promover os julgamentos – e os direitos inerentes ao devido processo legal, aconselhamento jurídico, direitos de apelação – seja a de que estamos em estado de emergência nacional, um estado entendido como fora do comum, parece que esse estado não é limitado no tempo e no espaço, que ele também adentra um futuro indefinido.

De fato, o poder do Estado se reestrutura temporariamente, já que o problema do terrorismo não é mais histórica e geograficamente limitado: é ilimitado e sem fim, e isso significa que o estado de emergência é potencialmente ilimitado e sem fim, que a perspectiva de um exercício do poder do Estado em sua ilegalidade estrutura o futuro indefinidamente. O futuro se torna ilegal, não anárquico, mas entregue às decisões discricionárias de um conjunto de soberanos designados – um paradoxo perfeito que mostra como os soberanos emergem na governamentalidade – contidos por nada e por ninguém, exceto pelo poder atuante de suas próprias decisões. Eles são instrumentalizados, usados por táticas de poder que não controlam, mas isso não os impede de usar o poder, e eles o utilizam para revitalizar uma soberania que a constelação governamentalizada de poder parecia ter excluído. São soberanos mesquinhos, desconhecedores, até certo ponto, do trabalho que fazem, mas executam seus atos unilateralmente e com enormes consequências. Esses atos são claramente *condicionados*, mas são também julgamentos que, não obstante, são *incondicionais* no sentido de que são finais, não sujeitos à revisão e à apelação.

Vale a pena fazer algumas distinções aqui: por um lado, descritivamente, as ações realizadas pelo presidente, pelos agentes em Guantánamo ou pelo Departamento de Estado, ou, de fato, pelos porta-vozes de política externa do atual governo dos Estados Unidos, não são soberanas em um sentido tradicional, na medida em que são motivadas por um conjunto difuso de práticas e objetivos políticos, implantados a serviço do poder, parte de um campo mais amplo da governamentalidade. Ainda assim, em cada caso, elas aparecem como soberanas ou, em vez disso, trazem uma forma de soberania para o domínio da aparência, revitalizando a noção de uma base autônoma e incondicional para a decisão que tem como objetivo primordial a autopreservação. A soberania que aparece nesses casos cobre sua própria base na governamentalidade, mas a forma em que ela aparece está precisamente dentro da agência do agente e, portanto, está dentro do campo da própria governamentalidade. Esse aparecimento da soberania – o que tenho chamado de ressurgências anacrônicas – toma uma forma contemporânea à medida que assume um formato no campo da governamentalidade, e ela é fundamentalmente transformada ao aparecer nesse campo. Além disso, o fato de serem condicionadas, mas aparentarem o contrário, não afeta de modo algum a relação que mantêm com o estado de direito. Não é, literalmente falando, como se um poder soberano suspendesse o estado de direito, mas sim como se o estado de direito, no ato de ser suspenso, produzisse uma soberania *em sua ação e como seu efeito*. Essa relação inversa com a lei produz a "falta de responsabilidade" dessa operação de poder soberano, bem como sua ilegitimidade.

A distinção entre governamentalidade e soberania é, portanto, importante para nos ajudar a descrever com mais precisão como e por quais meios o poder funciona. A distinção entre soberania e estado de direito também pode ser descrita em termos do mecanismo pelo qual essas expressões se separam incessantemente umas das outras. Mas, no contexto desta análise, essa distinção também é normativa: a soberania produzida pela suspensão (ou fabricação) do estado de direito busca estabelecer uma forma rival de legitimidade política, sem incluir nenhuma estrutura de responsabilidade. Embora estejamos acompanhando a revitalização da soberania nos casos de detenção indefinida e dos tribunais militares, podemos ver que o governo dos Estados Unidos invocou sua própria soberania em suas declarações a respeito da justificação de seu ataque militar ao Iraque. Os Estados Unidos desafiaram os acordos internacionais com as alegações de que sua autopreservação estava em jogo. Não atacar preventivamente, Bush afirmou, era uma decisão "suicida", e ele passou a justificar a revogação da soberania do Iraque (considerada ilegítima por não ter sido instalada por meio de eleições gerais), afirmando a inviolabilidade de suas próprias fronteiras soberanas (que os

Estados Unidos estendem além de todos os limites geográficos a fim de incluir a mais ampla gama de seus "interesses").

A "detenção indefinida" é um exercício ilegítimo de poder, mas faz parte, significativamente, de uma tática mais ampla de neutralizar o estado de direito em nome da segurança. "Detenção indefinida" não quer dizer uma circunstância excepcional, mas, sim, os meios pelos quais o excepcional se transforma em norma naturalizada. Ela se torna a ocasião e o meio pelos quais o exercício extrajudicial do poder estatal se justifica indefinidamente, instalando a si mesmo como uma característica potencialmente permanente da vida política dos Estados Unidos.

Esses atos de Estado não são, eles mesmos, fundamentados na lei, mas em outra forma de julgamento; nesse sentido, já estão fora da esfera da lei, pois a determinação de onde e quando, por exemplo, um julgamento pode ser dispensado e a detenção considerada indefinida não ocorre dentro de um processo legal *per se*. Essas não são decisões, por exemplo, tomadas por um juiz, para o qual as provas devem ser apresentadas sob a forma de um caso em conformidade com certos protocolos de evidências e argumentos. Agamben elaborou sobre como certos sujeitos sofrem uma suspensão de seu estatuto ontológico de sujeito quando estados de emergência são invocados.[31] Ele argumenta que um sujeito privado de direitos de cidadania adentra uma zona de indeterminação, não vivendo nem como um animal político vive, em comunidade e ligado por lei, nem morto, estando, portanto, fora da condição

---

[31] Para uma discussão sobre o "estado de exceção" como um paradigma do governo, ver AGAMBEN, Giorgio. État *d'exception: Homo Sacer, II*. Paris: Seuil, 2003. t. 1. p. 1-55. [Edição brasileira: *Estado de exceção*. Tradução de Iraci D. Poletti. São Paulo: Boitempo, 2004.] Ver também AGAMBEN, Giorgio. Life that Does Not Deserve to Live. In: *Homo Sacer: Sovereign Power and Bare Life*. Stanford: Stanford University Press, 1998. p. 136-143. [Edição brasileira: Vida que não merece viver. In: *Homo sacer: o poder soberano e a vida nua I*. Tradução de Henrique Burigo. Belo Horizonte: Ed. da UFMG, 2002. p. 132-139.]

constitutiva do estado de direito. Esses estados socialmente condicionados de vida e morte suspensas exemplificam a distinção que Agamben oferece entre a "vida nua" e a vida do ser político (*bios politikon*), em que este segundo sentido de "ser" é estabelecido apenas no contexto da comunidade política. Se a vida nua, a vida concebida como um mínimo biológico, torna-se uma condição para a qual todos somos redutíveis, poderíamos então encontrar certa universalidade em tal condição. "Estamos todos potencialmente expostos a essa condição", escreve Agamben. Ou seja, a "vida nua" assegura os próprios arranjos políticos em que vivemos, instaurando-se como uma contingência a partir da qual qualquer arranjo político pode se dissolver. Contudo, tais afirmações gerais ainda não nos informam como esse poder funciona de modo diferencial para administrar e direcionar certas populações, para desrealizar a humanidade de sujeitos que poderiam pertencer a uma comunidade vinculada a leis comumente reconhecidas; e não nos informam como a soberania, nesse caso entendida como uma soberania estatal, funciona ao diferenciar as populações com base na etnia e na raça; como a gestão sistemática e a desrealização das populações funcionam para apoiar e estender as reivindicações de uma soberania que não responde a lei alguma; como a soberania estende seu próprio poder precisamente por meio do adiamento tático e permanente da própria lei. Em outras palavras, a suspensão da vida de um animal político, a suspensão de se apresentar perante a lei, é em si um exercício tático, e deve ser entendida nos termos dos objetivos mais amplos do poder. Ser detido indefinidamente, por exemplo, é justamente não ter uma perspectiva definitiva de reentrada na teia política da vida, mesmo que a situação desse detento seja altamente, se não mortalmente, politizada.

Os tribunais militares foram originalmente percebidos como aplicáveis não apenas àqueles encarcerados dentro dos Estados Unidos, mas também aos agentes de "alto escalão" dentro das redes militares do Talibã ou da Al-Qaeda atualmente detidos na Baía de Guantánamo. O jornal *Washington Post* relatou que

> pode haver pouca utilidade para os tribunais porque a grande maioria dos 300 prisioneiros [em março de 2002] encarcerados na base naval dos Estados Unidos na Baía de Guantánamo, em Cuba, são soldados de infantaria de baixa patente. Oficiais administrativos têm outros planos para muitos dos detentos relativamente novos da Baía de Guantánamo: detenção indefinida sem julgamento. As autoridades norte-americanas tomariam essa atitude em relação a prisioneiros que poderiam representar um perigo de terrorismo, mesmo que tenham pouca evidência de crimes cometidos no passado.

"Poderiam representar um perigo de terrorismo": isso significa que a conjectura é a base da detenção, mas essa conjectura é também a base de uma detenção indefinida sem julgamento. Alguém poderia simplesmente responder dizendo que todos os detidos merecem um julgamento, e acredito que essa é a coisa certa a ser dita, e estou dizendo isso. Mas dizer isso não seria suficiente, já que temos que ver o que se constitui como um julgamento nesses novos tribunais militares. Que tipo de julgamento todo mundo merece? Nesses novos tribunais, os padrões de evidência são muito indistintos. Por exemplo, boatos e relatos de segunda mão constituirão evidência relevante, ao passo que em julgamentos regulares, seja no sistema de tribunais civis, seja no sistema de tribunais militares estabelecidos, são descartados de imediato. Visto que alguns tribunais internacionais de direitos humanos aceitam boato como evidência, o fazem sob condições nas quais o *non-refoulement* é honrado, ou seja, as regras segundo as quais os prisioneiros não podem ser deportados para países onde haja autorização de uso da tortura para extrair confissões. De fato, se entendermos que os julgamentos geralmente são o lugar em que podemos testar se o boato é verdadeiro ou não, em que os relatórios de segunda mão precisam ser documentados com provas persuasivas ou serão rejeitados, então o próprio significado de julgamento foi transformado pela noção de um procedimento que admite explicitamente afirmações não substanciadas, e no qual a justiça e o caráter não coercitivo dos meios de interrogatório usados para obter tais informações não têm qualquer influência sobre a admissibilidade da informação a ser julgada.

Se esses julgamentos zombam da evidência, se eles são, efetivamente, maneiras de contornar as exigências legais habituais de apresentar evidências, então eles anulam o próprio significado de julgamento, anulando-o de forma ainda mais efetiva ao se denominarem "julgamento". Se considerarmos também que um julgamento é aquilo a que todos os sujeitos têm direito se e quando uma alegação de transgressão for feita por alguma autoridade, então esses julgamentos também deixam de ser julgamentos nesse sentido. O Departamento de Defesa sustenta explicitamente que tais julgamentos são planejados "apenas para agentes de alto escalão da Al-Qaeda e do Talibã contra os quais há provas contundentes de terrorismo ou crimes de guerra".[32] Essa é a linguagem do Departamento de Defesa, e, ao considerá-la de perto, vemos a função que autojustifica e aumenta o poder soberano, de modo que a lei não é apenas suspensa, mas também implantada como tática, e como uma forma de diferenciar sujeitos mais ou menos beneficiados por ela. Se os julgamentos são reservados para oficiais de alto escalão contra os quais existem evidências contundentes, isso sugere então que ou os detentos de baixo escalão são aqueles contra os quais não existem provas contundentes o suficiente ou, mesmo que elas existam, eles não têm direito a ouvir a acusação, preparar seu caso, obter um alvará de soltura ou um julgamento final por meio de um procedimento judicial. Dado que a noção de "evidência contundente" foi efetivamente reescrita para incluir evidências convencionalmente não contundentes, como boatos e relatos de segunda mão, e que há

---

[32] Departamento de Defesa, 21 mar. 2002.

uma chance de que os Estados Unidos queiram dizer que não há evidências que seriam contundentes contra esses membros diante de um novo tribunal militar, eles estão efetivamente admitindo que nem mesmo boatos ou relatos de segunda mão forneceriam provas suficientes para condenar esses membros de baixa patente. Dado também que a Aliança do Norte é responsável pela entrega de muitos dos detidos da Al-Qaeda e do Talibã às autoridades estadunidenses, seria importante saber se essa organização tem critérios para identificar esses indivíduos antes de os Estados Unidos decidirem detê-los indefinidamente. Se tal evidência não existe, podemos nos perguntar por que eles estão sendo detidos. E, se há provas, mas mesmo assim esses indivíduos não vão a julgamento, podemos nos perguntar como o valor dessas vidas é medido, uma vez que elas permanecem inelegíveis aos direitos legais garantidos pela lei norte-americana e pela lei internacional de direitos humanos.

Como não há evidência contundente, e porque não existe evidência que seja contundente mesmo quando permitimos que tais evidências se tornem o padrão em um julgamento, entende-se que, quando não há evidência não contundente, a detenção indefinida é justificada. Ao incorporar evidências não contundentes ao próprio significado de evidência contundente, o Estado sente-se livre para fazer uso de um equívoco a fim de aumentar sua prerrogativa extrajudicial. Para ser sincera, existem precedentes internacionais para a detenção indefinida sem julgamento. Os Estados Unidos citam os tribunais europeus de direitos humanos que permitiram que as autoridades britânicas detivessem militantes irlandeses, protestantes e católicos, por longos períodos de tempo caso eles fossem "considerados perigosos, mas não necessariamente condenados por um crime". Eles têm que ser "considerados perigosos", mas tal "consideração" não é, como discutido anteriormente, um julgamento que precisa ser sustentado por evidência, um julgamento para o qual existam regras para as evidências apresentadas. Eles devem ser considerados "perigosos", mas o perigo deve ser entendido distintamente no contexto de uma emergência nacional. Nos casos citados pelo governo Bush, as detenções duraram indefinidamente, desde que "oficiais britânicos" – e não os tribunais – revisassem os casos de tempos em tempos. Essas revisões são, portanto, administrativas, o que significa que são gerenciadas não por agentes que fazem parte de algum setor judiciário do governo, mas sim por agentes da governamentalidade, ou seja, funcionários administrativos ou burocratas que absorveram a prerrogativa judicativa do Judiciário. Da mesma forma, esses tribunais militares são aqueles em que a cadeia de custódia é interrompida, o que significa que as provas apreendidas por meios ilegais continuam a ser admissíveis nos julgamentos. O processo de apelação é automático, mas permanece no tribunal militar, em que a palavra final em questões de culpa e punição é do Poder Executivo e do gabinete do presidente. Isso significa que, quaisquer que sejam os resultados desses julgamentos, eles podem ser potencialmente revertidos ou revisados pelo Poder Executivo, através de uma decisão que não responde a ninguém nem a regra alguma; um procedimento que efetivamente substitui a doutrina da separação de poderes, suspendendo novamente o poder da Constituição em favor de uma ampliação descontrolada do Poder Executivo.

Em outro argumento, o governo aponta que há ainda mais um precedente legal para esse tipo de detenção sem acusação criminal. Isso acontece o tempo todo, eles alegam, na prática da internação compulsória de pessoas mentalmente doentes que representam um perigo para si mesmas e para os outros. Creio que é preciso proceder cuidadosamente com essa analogia por enquanto, não apenas porque, em um viés protofoucaultiano, ela explicitamente modela a prisão a partir de uma instituição mental, mas também porque estabelece uma analogia entre o suspeito de terrorismo ou o soldado capturado e os doentes mentais. Quando analogias nos são oferecidas, elas pressupõem a separação dos termos que são comparados. Mas qualquer analogia também pressupõe um terreno comum para a comparação, e, nesse caso, a analogia funciona até certo ponto ao operar de forma metonímica. Os terroristas são *como* doentes mentais porque sua mentalidade é insondável, porque eles estão fora da razão, fora da "civilização", se entendermos aqui que esse termo é o lema de uma perspectiva ocidental autodefinida que se considera vinculada a certas versões da racionalidade e às reivindicações delas decorrentes. A internação compulsória é como o encarceramento involuntário somente se aceitarmos a função de encarceramento da instituição mental, ou somente se aceitarmos que certas atividades criminais suspeitas são, elas próprias, sinais de doença mental. De fato, precisamos nos perguntar se não são simplesmente atos isolados realizados por extremistas islâmicos que são considerados fora dos limites da racionalidade estabelecidos por um discurso civilizacional do Ocidente, mas sim todas e quaisquer crenças e práticas pertencentes ao Islã que se tornam, efetivamente, sinais de doença mental na medida em que se afastam das normas hegemônicas da racionalidade ocidental.

Se os Estados Unidos entendem a internação compulsória de pessoas com transtornos mentais como um precedente adequado para a detenção indefinida, isso pressupõe que certas normas do funcionamento mental estão em ação em ambas as instâncias. Afinal de contas, uma pessoa com um transtorno mental ostensivo é encarcerada involuntariamente justamente por causa de um impasse quanto a sua escolha; a pessoa não é considerada capaz de julgar, escolher e agir de acordo com as normas de um funcionamento mental aceitável. Poderíamos dizer, então, que os detidos figuram também justamente dessa maneira?[33] O Departamento de

---

[33] Se os prisioneiros estão sendo detidos para sua própria proteção (e a de outros) por uma falha no seu funcionamento mental, então é certamente paradoxal que a sua saúde mental tenha se deteriorado excessivamente durante o primeiro ano e meio de encarceramento. Duas dúzias de prisioneiros supostamente tentaram cometer suicídio enforcando-se ou estrangulando-se, e vários iniciaram greves de fome. Aparentemente, um homem que tentou se matar permanece em coma

Defesa publicou fotos de prisioneiros acorrentados e ajoelhados, com as mãos algemadas, bocas cobertas por máscaras cirúrgicas e olhos vendados por óculos de proteção pretos. Eles teriam sido sedados, forçados a rasparem suas cabeças, e as celas onde eram mantidos em Camp X-Ray tinham 2,5 m² e 2,3 m de altura, maiores do que aquelas para as quais eles foram designados e que, segundo a Anistia Internacional em abril de 2002, são consideravelmente menores do que a lei internacional permite. Chegou a ser questionado se a chapa de metal chamada de "teto" ofereceria alguma das funções de proteção contra o vento e a chuva associadas a tal elemento arquitetônico.

As fotografias produziram um clamor internacional porque a degradação – e a divulgação de tal degradação – violou a Convenção de Genebra, como a Cruz Vermelha Internacional apontou, e porque esses indivíduos se tornaram abjetos e sem rostos, comparados a animais enjaulados e contidos. De fato, a linguagem usada pelo secretário Rumsfeld em conferências de imprensa parece corroborar a visão de que os detidos não são como outros humanos que adentram a guerra, e que, no que lhes diz respeito, não são "puníveis" pela lei, mas merecedores de encarceramento forçado e imediato. Quando perguntaram ao secretário Rumsfeld por que esses prisioneiros estavam sendo contidos à força e mantidos em celas sem julgamento, ele explicou que, se eles não fossem contidos, matariam novamente. Ele insinuou que a contenção é a única coisa que os impede de matar, que eles são seres cuja propensão é, de fato, matar: é o que fariam naturalmente. Seriam eles simplesmente máquinas de matar? Se sim, então eles não são seres humanos com uma função cognitiva, com direito a um julgamento, a um devido processo legal, a saber e compreender contra o que são acusados. Eles são menos do

---

durante a escrita deste artigo. E outro, de acordo com o *Guardian*, em 20 de julho 2003, morreu durante uma sessão de interrogatório cujas táticas parecem estar de acordo com a definição de tortura.

que humanos, e ainda assim – de alguma maneira – assumem uma forma humana. Eles representam, por assim dizer, um equívoco do humano, ideia que forma a base para parte do ceticismo sobre a aplicação de direitos e proteções legais. O perigo que esses prisioneiros representam, em tese, é diferente dos perigos que podem ser justificados em um tribunal e corrigidos por meio de punição. Na coletiva de imprensa de 21 de março de 2002, Haynes, conselheiro geral do Departamento de Defesa, responde à pergunta de um repórter de modo a confirmar que esse equívoco não passa de imaginação. Durante a coletiva, um repórter anônimo indaga acerca do tribunal militar: se alguém for absolvido de um crime nesse tribunal, será solto? Ao que Haynes respondeu:

> Se tivéssemos um julgamento neste exato minuto, é concebível que alguém poderia ser julgado e absolvido de sua acusação, mas talvez ele não fosse liberado automaticamente. As pessoas que estamos detendo, por exemplo, na Baía de Guantánamo, em Cuba, são combatentes inimigos que [sic] capturamos no campo de batalha tentando ferir soldados ou aliados dos Estados Unidos, e eles são pessoas perigosas. No momento, não estamos prestes a soltar nenhum deles, a menos que descubramos que não se encaixam nesses critérios. Em algum momento no futuro...

O repórter então interrompeu, dizendo: "Mas se você não [pode] condená-los, se não pode declará-los culpados, ainda os encaixaria no que chamamos de perigoso, mesmo que não possamos condená-los e continuar a encarcerá-los?". Depois de um vaivém, Haynes tomou o microfone e explicou que "as pessoas agora detidas em Guantánamo são detidas por uma razão específica que não está exatamente vinculada a algum crime particular. Elas não são mantidas – elas não estão sendo mantidas com base no fato de que são necessariamente criminosas". Elas não serão libertadas a menos que os Estados Unidos descubram que "elas não se encaixam nesses critérios", mas não está claro quais são os critérios que a observação de Haynes leva em consideração. Se o novo tribunal militar estabelece os critérios, então não há garantia alguma de que um prisioneiro será libertado em caso de absolvição. O prisioneiro liberado por julgamento ainda poderá ser "considerado perigoso", sendo que essa consideração é baseada em critérios não estabelecidos. Estabelecer periculosidade não é o mesmo que estabelecer culpa e, na opinião de Haynes, e em opiniões subsequentemente repetidas por porta-vozes administrativos, o poder do Executivo de considerar um detento perigoso é precedente a qualquer decisão de culpa ou inocência dada por um tribunal militar.

A partir dessa abordagem altamente qualificada dos novos tribunais militares (eles mesmos considerados ilegítimos), vemos que são tribunais cujas regras de evidência se separam radicalmente tanto das regras dos tribunais civis quanto dos protocolos dos tribunais militares existentes, que eles serão usados para julgar apenas certos detentos, já que o gabinete do presidente decidirá quem se qualifica para esses tribunais militares secundários, e que a separação entre culpa e inocência se encontra, finalmente, no Poder Executivo. Se um tribunal militar absolve uma pessoa, ela ainda pode ser considerada como um perigo, o que significa que a determinação do tribunal pode ser precedida por uma determinação extrajudicial de periculosidade. Considerando que o tribunal militar é em si extrajudicial, parece que estamos testemunhando a réplica do princípio da prerrogativa de um Estado soberano que não conhece fronteiras. A cada passo do caminho, o Poder Executivo decide a constituição do tribunal, nomeia seus membros, determina a elegibilidade daqueles a serem julgados e assume poder sobre o julgamento final; impõe o julgamento seletivamente e dispensa o procedimento convencional da apresentação de provas. O Poder Executivo justifica tudo isso recorrendo à determinação de "periculosidade" que somente ele está em posição de formular. Um certo nível de periculosidade transporta o humano para fora dos limites da lei, e

100   **FILÔ**

até mesmo para fora dos limites do próprio tribunal militar, transformando esse humano em uma posse do Estado, capaz de ser infinitamente detido. O que conta como "perigoso" é o que o Estado considera como perigoso, de modo que, mais uma vez, o Estado postula o que é perigoso e, ao fazer tal postulação, estabelece as condições para sua própria apropriação e usurpação da lei, uma noção de lei que já foi usurpada pela trágico simulacro de um julgamento.

Se uma pessoa é simplesmente considerada como um perigo, então não é mais uma questão de decidir se atos criminosos ocorreram ou não. De fato, "considerar" uma pessoa como um perigo é um julgamento infundado que, nesses casos, trabalha para antecipar as sentenças para as quais as evidências são necessárias. A licença para marcar, categorizar e deter com base apenas em suspeitas, expressa nessa operação de "consideração", é potencialmente enorme. Já vimos isso sendo aplicado a perfis raciais, na detenção de milhares de residentes árabes ou de cidadãos árabes-americanos, às vezes apenas por causa de seus sobrenomes; no assédio de inúmeros cidadãos norte-americanos e não norte-americanos nas fronteiras imigratórias porque algum funcionário "percebe" neles um potencial problema; nos ataques a indivíduos de ascendência do Oriente Médio nas ruas dos Estados Unidos e na perseguição de professores árabes-americanos nos campi. Quando Rumsfeld inundou os Estados Unidos com pânicos periódicos ou "alertas", ele não disse à população com o que se preocupar, apenas que deveriam prestar mais atenção em atividades suspeitas. Esse pânico cego se transformou muito rapidamente na suspeita de todos os povos de pele escura, especialmente os árabes, ou que parecem árabes para uma população nem sempre acostumada a fazer distinções visuais, digamos, entre sikhs e muçulmanos ou, na verdade, sefarditas ou judeus árabes e paquistaneses. Embora "considerar" uma pessoa como um perigo seja visto como uma prerrogativa do Estado nessas discussões, é também uma potencial licença para visões preconceituosas e um mandato implícito para aumentar as formas racialmente carregadas de olhar e julgar em nome da segurança nacional. Uma população de povos islâmicos, ou aqueles considerados islâmicos, tornou-se alvo desse mandato de alerta do governo, tendo como resultado o fato de a população árabe nos Estados Unidos ter se tornado visualmente acuada, menosprezada, vigiada, perseguida e monitorada por um grupo de cidadãos que se veem como soldados de infantaria na guerra contra o terrorismo. Que tipo de cultura pública está sendo criada quando uma certa "contenção indefinida" ocorre fora dos muros da prisão, no metrô, nos aeroportos, nas ruas, nos locais de trabalho? Um restaurante de falafel de cristãos libaneses que não exibe a bandeira norte-americana torna-se imediatamente alvo de suspeita, como se não hastear a bandeira nos meses após o 11 de Setembro fosse um sinal de simpatia à Al-Qaeda, uma dedução sem justificativa, mas que, no entanto, comandava a cultura pública – e os interesses comerciais – naquela época.

Se uma pessoa, ou um povo, é considerada perigosa, e nenhum ato perigoso precisa ser comprovado para que isso seja estabelecido como verdadeiro, então o Estado constitui a população detida de maneira unilateral, retirando-a da jurisdi-ção da lei, privando-a das proteções legais às quais os sujeitos sob lei interna e internacional têm direito. Certamente, essas são populações que não são consideradas como sujeitos, seres humanos que não são concebidos dentro do quadro de uma cultura política na qual as vidas humanas são subscritas por direitos legais, leis; portanto, humanos que não são humanos.

Vimos evidências dessa desrealização do humano nas fotos dos corpos algemados em Guantánamo divulgadas pelo Departamento de Defesa. O Departamento não escondeu essas fotos, publicando-as abertamente. Minha conjectura é que eles publicaram essas fotos para deixar claro que uma certa subjuga-ção havia ocorrido, a inversão da humilhação nacional, sinal de um clamor bem-sucedido. Essas fotografias não foram vazadas para a imprensa por alguma organização de direitos humanos ou empresa midiática preocupada. Assim, a resposta internacional

102   **FILÔ**

foi, sem dúvida, desconcertante, uma vez que, em vez de triunfo moral, muitas pessoas, entre elas parlamentares britânicos e ativistas europeus dos direitos humanos, viram nisso sérias falhas morais. Em vez de justificação, muitos viram vingança, crueldade e um desrespeito nacionalista e autoconfiante das convenções internacionais. Desse modo, vários países pediram a extradição de seus cidadãos para oferecerem-lhes um julgamento em suas nações de origem. Mas há algo a mais nessa degradação que exige ser analisado. Há uma redução desses seres humanos ao estatuto animal, com o animal sendo visto como fora de controle, necessitando de uma restrição total. É importante lembrar que a bestialização do humano tem pouco a ver com animais reais, já que o humano é definido contra a figura do animal. Mesmo se, como parece mais provável, algumas ou todas essas pessoas tenham intenções violentas, tenham se envolvido em atos violentos e assassinatos, existem maneiras de lidar com assassinos tanto sob a lei criminal quanto sob a internacional. A linguagem com a qual eles são descritos pelos Estados Unidos, no entanto, sugere que esses indivíduos são excepcionais, que podem não ser indivíduos, que devem ser contidos a fim de não matar, que podem ser efetivamente reduzidos a um desejo de matar, e que os códigos criminais e internacionais comuns não podem ser aplicados a seres como estes.

O tratamento desses prisioneiros é considerado uma extensão da guerra em si, e não uma questão pós-guerra de julgamento e punição apropriados. Sua detenção interrompe a matança. Se eles não fossem detidos à força, quando a ação fosse exigida, eles aparentemente começariam a matar *in loco*; esses são seres que estão em permanente e perpétua guerra. Pode ser que os representantes da Al-Qaeda falem dessa maneira – alguns claramente o fazem –, mas isso não significa que cada indivíduo detido personifique essa posição, ou que os detidos estejam engajados em dar continuidade à guerra. De fato, relatórios recentes, até mesmo os da equipe de investigação em Guantánamo, sugerem que alguns dos detidos estavam apenas tangencialmente ou transitoriamente envolvidos no esforço de guerra.[34] Outros relatos feitos na primavera de 2003 deixaram claro que alguns detentos são menores de idade, entre 13 e 16 anos. Até mesmo o general Dunlavey, que admitiu que nem todos os detentos eram assassinos, afirmou ainda que o risco é alto demais para que tais detentos possam ser soltos. Em apoio à detenção forçada, Rumsfeld citou os levantes nas prisões no Afeganistão, em que prisioneiros se apossam de armas e executam combates dentro da própria prisão. Nesse sentido, a guerra não acaba, e não pode acabar; com riscos de combates dentro da prisão, com a existência de mandatos de restrição física, a prisão do pós-guerra se torna a continuidade da guerra. Lá, parece que as regras que governam o combate estão em vigor, mas não as regras que governam o tratamento adequado dos prisioneiros distanciados da própria guerra.

Quando perguntaram ao conselheiro geral Haynes: "Então você poderia manter essas pessoas presas por anos sem julgamento, apenas para mantê-las fora das ruas, mesmo sem um julgamento?", ele respondeu: "Temos esse direito, e não acho que alguém conteste que possamos manter combatentes inimigos presos durante o conflito. E o conflito continua, *sem que vejamos um fim próximo*" (grifos meus).

Se a guerra é contra o terrorismo, e a definição de terrorismo se expande para incluir qualquer instância questionável de dificuldade global, como a guerra poderia acabar? Seria a guerra, por definição, sem fim, dada a instabilidade dos termos "terrorismo" e "guerra"? Embora as fotos tenham sido publicadas como um sinal do triunfo dos Estados Unidos, aparentemente indicando o término do esforço de guerra, ficou claro naquela época que bombardeios e conflitos armados ainda aconteciam no Afeganistão, que a guerra não acabara, e até mesmo que as fotografias, a degradação e a

---

[34] Some Detainees Held on Guantanamo Are Young Foot Soldiers Caught Up in the Afghan War, US Officials Say. *Associated Press*, 29 mar. 2002.

104

detenção indefinida eram atos contínuos de guerra. De fato, a guerra parece ter estabelecido uma condição mais ou menos permanente de emergência nacional, e o direito soberano à autoproteção ultrapassa qualquer lei. O exercício de poder soberano está ligado ao estatuto extrajudicial desses discursos oficiais. Eles se tornam os meios pelos quais o poder soberano se expande; quanto mais eles puderem fabricar equívocos, maior será a eficácia em aumentar seu poder em aparente serviço à justiça. Essas declarações oficiais também são atuações de mídia, uma forma de discurso estatal que estabelece uma esfera do enunciado oficial distinta do discurso legal. Quando muitas organizações e países questionaram se os Estados Unidos estavam respeitando os protocolos da Convenção de Genebra quanto ao tratamento dos prisioneiros de guerra, o governo se equivocou em sua resposta, sustentando que os prisioneiros em Guantánamo estavam sendo tratados de uma maneira "consistente com" a Convenção de Genebra, mas não que entendiam a obrigação do país de respeitar essa lei, ou que esta tinha um caráter obrigatório nos Estados Unidos. O poder da Convenção de Genebra foi estabelecido pelos Estados Unidos como não obrigatório em várias instâncias ao longo dos últimos anos. A primeira ocasião parece ter sido a alegação de que aparentemente respeita a Convenção, ou seja, que os Estados Unidos estão agindo de uma maneira *consistente com* a Convenção, ou, alternativamente, que estão agindo *no espírito* dos Acordos de Genebra. Dizer que os Estados Unidos agem conforme os acordos significa dizer que agem de maneira a não contradizer os acordos, que se veem como *amarrados* a eles. Reconhecer este último caso seria reconhecer os limites que os acordos internacionais impõem às reivindicações de soberania nacional. Agir "consistentemente" com esses acordos ainda significa determinar a própria ação de quem age e entender essa ação como compatível com os acordos, mas recusar a noção de que essas ações estão sujeitas a eles. As coisas pioram quando percebemos que certos direitos estabelecidos nos Acordos de Genebra, como o direito de um prisioneiro de guerra a um advogado, a saber por qual crime está sendo acusado, de ser elegível para uma avaliação adequada por um tribunal regularmente constituído, o direito de recurso, de um repatriamento adequado, não estão sendo honrados e não se constituem como planos futuros. As questões tornaram-se ainda mais espinhosas, embora talvez finalmente mais claras, quando soubemos que *nenhum* dos detidos em Guantánamo deveria ser considerado prisioneiro de guerra de acordo com a Convenção de Genebra, uma vez que nenhum deles pertencia a "exércitos comuns". Sob pressão, o governo Bush admitiu que o Talibã estava protegido pela Convenção de Genebra, já que era representante do governo afegão, mas que os detentos ainda não tinham o estatuto de prisioneiros de guerra segundo esse acordo. O governo finalmente declarou, de maneira clara, que o Acordo de Genebra não foi projetado para lidar com esse tipo de guerra. São anacrônicas as definições sobre quem é ou não considerado prisioneiro de guerra e quem tem esses direitos. O governo, portanto, rejeita esses acordos como anacrônicos, mas afirma estar agindo conforme eles.

Quando uma indignação relativamente generalizada emergiu em resposta às fotografias publicadas dos corpos acorrentados em Guantánamo, os Estados Unidos afirmaram que estavam tratando esses prisioneiros humanamente. A palavra "humanamente" foi usada diversas vezes em conjunto à alegação de que os Estados Unidos estavam agindo de acordo com a Convenção de Genebra. Parece importante reconhecermos que um dos papéis da Convenção de Genebra foi o de estabelecer critérios para a determinação do que se qualifica ou não como um tratamento humano de prisioneiros de guerra. Em outras palavras, um dos objetivos foi procurar estabelecer uma compreensão internacional de "tratamento humano" e estipular quais condições deveriam ser atendidas antes de podermos dizer com certeza que um tratamento humano foi oferecido. Assim, o termo "tratamento humano" recebeu uma formulação legal, e o resultado foi um conjunto de condições que, se cumpridas, constituiriam esse tipo de tratamento. Quando os Estados Unidos dizem, então, que estão tratando esses prisioneiros de forma humana, eles utilizam essa palavra à sua própria maneira e para servir a seus próprios interesses, mas não aceitam que os Acordos de Genebra estipulem como o termo poderia ser aplicado legitimamente.[35] Na realidade, eles revogam a palavra como ela aparece nos acordos no exato momento em que afirmam estar agindo de forma consistente com os acordos. No momento em que afirmam estar agindo de forma consistente com os acordos, os Estados Unidos efetivamente afirmam que não se submetem a tais acordos. Da mesma forma, alegam que reconhecem que o Talibã deve ser considerado dentro da Convenção de Genebra, mas então sustentam que mesmo os soldados talibãs não têm direito ao estatuto de prisioneiros de guerra, e assim efetivamente contestam o caráter obrigatório do acordo. Dado que o acordo sustenta que um tribunal competente deve ser estabelecido para determinar o estatuto de prisioneiro de guerra, e que todos os prisioneiros devem ser tratados como prisioneiros de guerra até que um tribunal competente julgue diferente, e dado que os Estados Unidos não organizaram nenhum desses tribunais, fazendo essa determinação unilateralmente, então, mais uma vez, eles desconsideram os próprios termos do acordo. Como resultado, o "reconhecimento" do Talibã como protegido pelo acordo que os Estados Unidos tratam como não obrigatório é efetivamente inútil, especialmente quando eles continuam a negar o estatuto de prisioneiro de guerra àqueles que são ostensivamente reconhecidos como tais.

---

[35] Por uma excelente consideração dos critérios determinantes da consideração humana e sua aplicabilidade às prisões de Guantánamo, ver o site Human Rights Watch Backgrounder (https://www.hrw.org/legacy/backgrounder), 29 de janeiro de 2002.

Podemos ver que os discursos soam oficiais ao mesmo tempo que desafiam a lei; o discurso usa a lei apenas para deformá-la e suspendê-la no final, e até mesmo usá-la de forma arbitrária para elaborar o exercício de soberania. E não é como se a soberania existisse como uma posse que os Estados Unidos "detêm", ou um domínio que "ocupam". A gramática nos derrota aqui. A soberania é taticamente produzida por meio do próprio mecanismo de sua autojustificação. E esse mecanismo, nesse caso, repete diversas vezes o ato de relegar a lei a um instrumentalismo do Estado, ou de suspender a lei conforme os interesses da função executiva do Estado. Os Estados Unidos demonstram desprezo por sua própria Constituição e pelos protocolos da lei internacional ao relegar a lei ao instrumentalismo do Estado e ao suspendê-la de acordo com os interesses deste. Quando um repórter perguntou a representantes do Departamento de Defesa por que estava sendo requerido um sistema de tribunal militar, eles responderam que precisavam de outro "instrumento", dadas as novas situações. A lei não é aquilo a que o Estado está sujeito, nem aquilo que diferencia a ação estatal legal da ilegal, mas é agora entendida decididamente como um instrumento, uma instrumentalização do poder, podendo ser aplicada e suspensa à vontade. A soberania consiste agora na aplicação, contorção e suspensão maleável da lei; ela é, em sua forma atual, uma relação para com a lei: exploradora, instrumental, desdenhosa, peremptória e arbitrária.

No canal de televisão C-SPAN, em fevereiro de 2002, Rumsfeld demonstrou exasperação com as questões legais sobre Guantánamo, que na época se concentravam no tratamento humano e no estatuto de prisioneiro de guerra. Em vez de falar sobre isso, ele repetidamente apelou para uma substantiva meta militar e pública para justificar o tratamento dos prisioneiros em Cuba. Ele se inclinou sobre o microfone e exclamou que estava apenas tentando manter essas pessoas fora das ruas e fora das usinas nucleares, para que elas não matassem mais ninguém – as pessoas têm que ser detidas para não matar. Em resposta à questão sobre se os detentos seriam ou não acusados por algum crime, se eles poderiam aguardar julgamentos ou não, ele achou que seria razoável que sim, mas não se comprometeu com isso. Aqui, novamente, ele não entendeu que o Departamento de Defesa seria obrigado a fazer isso no tempo adequado após o término de um conflito ou, de fato, se comprometer a seguir a lei internacional que transformaria essas acusações e julgamentos em uma obrigação estrita e um direito incondicional. Era "perfeitamente razoável" mantê-los fora das ruas, disse ele, para que não matassem. E então, o que aparentemente é perfeitamente razoável de se fazer é a base para o que ele e o governo estão fazendo, e a "lei" certamente está lá para ser consultada, já que a convenção internacional está lá como um tipo de modelo, mas não como um quadro obrigatório de ações. A ação é autônoma, fora da lei, encarando a lei, considerando-a, consultando-a e talvez até mesmo, de vez em quando, agindo de modo consistente com ela. Mas a própria ação é extrajudicial e se entende justificada como tal. De fato, a lei parecia aborrecê-lo. Ao responder a todas essas questões sobre direitos e responsabilidades legais, ele observou que deixaria todas essas perguntas para aqueles que não abandonaram a faculdade de Direito, como ele havia feito. E então ele riu, como se alguma evidência louvável de sua própria masculinidade norte-americana tivesse sido subitamente trazida à tona. A demonstração de força indiferente à lei foi desde cedo encapsulada pelo slogan "Morto ou vivo" de Bush, aplicado a Osama bin Laden, e Rumsfeld pareceu continuar, na presente situação, essa tradição do caubói vigilante em busca da justiça.

Ele não se preocuparia com as chapas de metal que servem de teto nas jaulas em que os prisioneiros se encontram. Afinal, Rumsfeld disse, sinceramente: "Estive em Cuba e o clima lá é lindo". E então, como se essas questões legais fossem inúmeros mosquitos em torno de seu tornozelo em um dia quente em Cuba, ele disse: "Não sou um advogado. Não trabalho nessa área".

DETENÇÃO INDEFINIDA

109

Então ele não trabalha nessa área, mas podemos dizer que, de uma forma mais geral, muitas ações que não fazem parte dessa área foram realizadas. Bush expressou tal sentimento ao alegar, alguns dias depois, com ar de desdém e exasperação, que iria rever todos os "legalismos" antes de tomar uma decisão final sobre o estatuto dos prisioneiros. Presente nessas declarações está a presunção de que a detenção e o processo legal são atividades separáveis, que a detenção faz parte do Departamento de Defesa e que os processos legais pertencem a outro lugar. Então, a questão é definir se esses combatentes são ilegais, esses que não estão lutando em uma força armada comum, como os Estados Unidos os mantêm, ou se isso é uma detenção ilegal, já que as perspectivas de direitos internacionais parecem concordar que ela seja. É como se todo o conflito acontecesse em uma esfera extrajudicial, ou melhor, como se o domínio extrajudicial em que essas detenções e julgamentos em espera acontecem produzisse uma experiência de "e se" que desferisse um golpe na compreensão comum da lei. A confusão de Rumsfeld — e aqui não se trata apenas de uma questão de confusão, mas de uma confusão que perpassa todo o esforço da detenção —, quando perguntado se essas pessoas foram acusadas de alguma coisa, é reveladora: "Bem, sim", ele disse, hesitando. "Eles foram acusados"; e então, ao perceber que esse termo poderia ter um significado técnico, revisou sua afirmação, explicando que "eles foram *considerados* atiradores", enfatizando a palavra "considerados". Claro, eles não foram "considerados" em sentido legal, mas apenas "considerados" por alguém, um representante da Aliança do Norte, que alegou ver ou saber, o que acarreta certo equívoco entre o uso legal e não legal do termo "considerar". O fato é que esses indivíduos estão sendo detidos sem terem sido acusados de um crime e sem ter acesso a advogados a fim de preparar seus próprios casos. Que existam regras que governem a detenção legal de prisioneiros de guerra não parece ser importante. O que importa, aparentemente, é evitar a consequência de se ter assassinos em potencial soltos pelas ruas. Se a lei atrapalhar, se a lei exigir que as acusações sejam feitas e fundamentadas dentro de um determinado período de tempo, então há uma chance de que o cumprimento da lei possa impedir a realização da meta da detenção mais ou menos permanente de "suspeitos" em nome da segurança nacional.

Assim, esses prisioneiros, que não são prisioneiros, serão julgados, se forem julgados, de acordo com regras que não são as da lei constitucionalmente definida dos Estados Unidos, nem de qualquer código internacional reconhecível. Sob a Convenção de Genebra, os prisioneiros teriam direito a julgamentos sob os mesmos procedimentos que os soldados estadunidenses, por cortes marciais ou civis, e não através de tribunais militares, como o governo Bush propôs. Os regulamentos atuais dos tribunais militares preveem a pena de morte se todos os membros do tribunal estiverem de acordo. O presidente, no entanto, poderá tomar uma decisão sobre tal punição de forma unilateral no decorrer da etapa final das deliberações, quando é proferida uma sentença executiva que encerra o caso. Existiria um prazo em que essa operação judicial em particular acabaria? Em resposta a um repórter que perguntou se o governo não estava criando procedimentos que continuariam em vigor indefinidamente, "como um sistema judiciário adicional criado pelo Poder Executivo", o conselheiro geral Haynes destacou: "As regras [para os tribunais] [...] não têm uma previsão de expiração [...]. Eu só observaria que a guerra, nós achamos, durará por um tempo".

Pode-se concluir com o forte argumento de que a política do governo deveria seguir a lei estabelecida. E, de certa forma, isso é parte do que estou pedindo. Mas há também um problema com a lei, já que ela deixa aberta a possibilidade de sua própria retratação e, no caso da Convenção de Genebra, estende os direitos "universais" apenas aos combatentes presos que pertencem a Estados-nações "reconhecíveis", mas não a todas as pessoas. Estados-nações reconhecíveis são aqueles que já são signatários da própria convenção. Isso significa que os povos sem Estado ou aqueles que pertencem a Estados que são emergentes ou "párias" ou geralmente não reconhecidos carecem de todas as proteções. A Convenção de Genebra é, em parte, um discurso civilizacional, e em lugar nenhum reivindica o direito à proteção contra a degradação, a violência e os direitos a um julgamento justo enquanto direitos universais. Outros convênios internacionais certamente o fazem, e muitas organizações de direitos humanos argumentam que a Convenção de Genebra pode e deve ser entendida a fim de ser aplicada universalmente. O Comitê Internacional da Cruz Vermelha destacou esse ponto publicamente (8 de fevereiro de 2002). O diretor da Human Rights Watch, Kenneth Roth, argumentou fortemente que tais direitos dizem respeito aos prisioneiros de Guantánamo (28 de janeiro de 2002), e o memorando da Anistia Internacional ao governo dos Estados Unidos (15 de abril de 2002) deixa claro que cinquenta anos de direito internacional construíram a suposição da universalidade, codificada claramente no Artigo 9 do Pacto Internacional dos Direitos Civis e Políticos, ratificado pelos Estados Unidos em 1992. Declarações semelhantes foram feitas pela Comissão Internacional de Juristas (7 de fevereiro de 2002), e o painel de direitos humanos da Organização dos Estados Americanos fez a mesma afirmação (13 de março de 2002), apoiado pelo Centro de Direitos Constitucionais (10 de junho de 2002). O recurso exclusivo à Convenção de Genebra, redigida em 1949, como documento de orientação nessa área é, por si só, problemático. A noção de "universalidade" embutida nesse documento é restritiva em seu alcance: considera como sujeitos merecedores de proteção apenas aqueles que já pertencem a Estados-nações reconhecíveis dentro de seus próprios termos. Dessa forma, então, a Convenção de Genebra estabelece e aplica um critério seletivo à questão de quem merece estar sob sua proteção e quem não merece. Ela supõe que certos prisioneiros não podem ser protegidos por seus estatutos. Ao privilegiar claramente os prisioneiros de guerras entre Estados reconhecíveis, ela deixa os apátridas desprotegidos e deixa os cidadãos de Estados não reconhecíveis sem a possibilidade de recorrer aos seus direitos.

De fato, na medida em que a Convenção de Genebra justifica uma distinção entre combatentes legais e ilegais, ela distingue também a violência legítima da ilegítima. A violência legítima é travada por Estados reconhecidos ou "países", como diz Rumsfeld, e a violência ilegítima é precisamente aquela que é cometida por aqueles sem-terra, sem pátria ou cujos Estados não são considerados dignos de reconhecimento por aqueles que já são reconhecidos. No clima atual, vemos a intensificação dessa formulação quando várias formas de violência política são chamadas de "terrorismo", não porque existem categorias de violência que possam ser distinguidas umas das outras, mas como uma maneira de caracterizar a violência travada por – ou em nome de – autoridades consideradas ilegítimas por Estados estabelecidos. Como resultado, temos a ampla caracterização, por Ariel Sharon, da Intifada palestina como "terrorismo", cujo uso da violência do Estado para fins de destruição de lares e vidas é certamente extremo. O uso do termo "terrorismo", portanto, trabalha para deslegitimar determinadas formas de violência cometidas por entidades políticas não estatais, ao mesmo tempo que sanciona uma resposta violenta por parte dos Estados estabelecidos. Obviamente, essa tem sido uma tática utilizada há muito tempo, já que os estados coloniais procuraram administrar e conter os palestinos e os irlandeses católicos, assim como se estabeleceu também em um caso contra o Congresso Nacional Africano na África do Sul durante o *apartheid*. A nova forma que esse tipo de argumento está tomando, e o estatuto naturalizado que ele assume, no entanto, apenas intensificará as consequências extremamente prejudiciais para a luta da autodeterminação palestina. Israel se aproveita dessa formulação ao não se responsabilizar diante de nenhuma lei, ao mesmo tempo que se vê engajado em legítima autodefesa por força de suas ações terem estatuto de violência de Estado. Nesse sentido, o enquadramento para conceituar a violência global é tal que "terrorismo" se torna o nome para descrever a violência dos ilegítimos, enquanto a guerra legal se torna prerrogativa daqueles que podem assumir o reconhecimento internacional como Estados legítimos.

O fato de esses prisioneiros serem vistos como receptáculos de pura violência, como afirmou Rumsfeld, sugere que eles não se tornam violentos pelas mesmas razões que outros seres politizados o fazem, que sua violência é de alguma forma constitutiva, infundada e infinita, se não inata. Se essa violência é mais terrorismo do que violência, então ela é concebida como uma ação sem um objetivo político, ou não pode ser lida sob uma luz política. Ela emerge, como dizem, de fanáticos e extremistas que não adotam um ponto de vista, mas que existem fora da "razão", não fazendo parte da comunidade humana. Que a violência seja extremismo ou terrorismo islâmico significa simplesmente que a desumanização que o Orientalismo já faz é elevada ao extremo, de modo que a singularidade e a excepcionalidade desse tipo de guerra o torna isento das suposições e proteções da universalidade e da civilização. Quando o próprio estatuto de humanidade daqueles que estão aprisionados é questionado, isso é um sinal de que fizemos uso de um quadro restrito para compreender o humano, e falhamos em expandir nossa concepção de direitos humanos a fim de incluir aqueles cujos valores podem testar nossos limites. Atualmente, a figura do extremismo islâmico é profundamente redutora, indicando uma extrema ignorância acerca das várias formas sociais e políticas que o Islã assume, por exemplo, as tensões entre muçulmanos sunitas e xiitas, bem como a vasta gama de práticas religiosas que têm poucas implicações políticas, se é que as têm, como as práticas de *da'wa* dos movimentos das mesquitas, ou cujas implicações políticas são pacifistas.

Se presumirmos que todos aqueles que são humanos entram em guerra como nós, e que isso é parte do que lhes torna reconhecidamente humanos, ou que a violência que cometemos é uma violência que se encaixa no que é reconhecidamente humano, mas que a violência que os outros cometem é irreconhecível como uma atividade humana, então utilizamos um enquadramento cultural limitado e limitante para entender o que é ser humano. Isso não é motivo para descartar o termo "humano", apenas uma razão para nos perguntarmos como ele funciona, o que ele exclui e o que às vezes ele inicia. Ser humano implica várias coisas, uma das quais o fato de que somos seres que precisam viver em um mundo onde conflitos de valor ocorrem e ocorrerão, e que tais conflitos são um sinal da formação de uma comunidade humana. Como lidamos com esses conflitos também será um sinal de nossa humanidade, um que está, mais significativamente, sendo construído. *Se vamos ou não continuar a impor uma concepção universal dos direitos humanos em momentos de indignação e incompreensão, justamente quando achamos que outros se retiraram da comunidade humana como a conhecemos, é um teste de nossa própria humanidade.* Cometeremos um erro, portanto, se tomarmos uma definição única do humano, ou um modelo único de racionalidade, como a característica definidora do humano, e então extrapolarmos essa compreensão estabelecida do humano para todas as suas várias formas culturais. Essa direção nos levará a nos perguntar se alguns dos humanos que não exemplificam a razão e a violência de maneira determinada por nossa definição ainda são considerados humanos, ou se eles são "excepcionais" (Haynes), ou "únicos" (Hastert), ou "pessoas muito ruins" (Cheney), nos apresentando um limite do humano em relação ao qual até agora falhamos. Confrontar o que funciona, para alguns, como um limite do humano é um desafio de repensar o humano. E o trabalho de repensar o humano é parte da trajetória democrática de uma jurisprudência evolutiva dos direitos humanos. Não deveria ser surpreendente descobrir que existem enquadramentos raciais e étnicos por meio dos quais os fatores do que se é reconhecido como humano são atualmente constituídos. Uma importante operação para qualquer cultura democrática é contestar esses enquadramentos, permitindo que um conjunto de enquadramentos dissonantes e sobrepostos apareça, a fim de enfrentar os desafios da tradução cultural, especialmente os que surgem quando nos encontramos vivendo próximos daqueles cujos valores e crenças desafiam os nossos em níveis extremamente fundamentais. Mais importante que isso, não é que "nós" tenhamos uma ideia comum do que é o humano, já que os estadunidenses são constituídos por muitas tradições, incluindo o Islã em suas várias formas, então qualquer autocompreensão democrática radical terá que aceitar a heterogeneidade dos valores humanos. Esse não é um relativismo que enfraquece as reivindicações universais; é a condição pela qual uma concepção concreta e expansiva do humano será articulada, a maneira pela qual as concepções restritivas do humano, implicitamente raciais e religiosas, serão obrigadas a ceder a uma concepção mais ampla de como consideramos o que somos como uma comunidade global. Ainda não entendemos todos essas maneiras de ser e, nesse sentido, a lei de direitos humanos ainda precisa entender o significado completo do humano. É um trabalho contínuo dos direitos humanos, poderíamos dizer, de conceber novamente o humano ao descobrir que sua suposta universalidade não tem alcance universal.

A questão de quem será tratado de forma humana pressupõe que já nos decidimos quanto a quem conta como humano. Aqui o debate sobre a civilização ocidental e o Islã não é apenas acadêmico, uma busca equivocada do Orientalismo por pessoas como Bernard Lewis e Samuel Huntington, que regularmente produzem relatos monolíticos do "Oriente", contrastando os valores do Islã com os valores da "civilização" ocidental. Nesse sentido, "civilização" é um termo que trabalha contra uma concepção expansiva do humano, que não tem lugar em um internacionalismo que leva a sério a universalidade dos direitos. O termo e a prática da "civilização" trabalham para produzir o humano de maneiras diferentes, oferecendo uma norma culturalmente limitada para o que deve ser esse humano. Não é só que alguns humanos são tratados como humanos, enquanto outros são desumanizados; é, antes, que a desumanização se torna a condição produtora do humano na medida em que uma civilização "ocidental" se define acima e contra uma população entendida como, por definição, ilegítima, se não duvidosamente, humana.

Uma noção espúria de civilização fornece a medida pela qual o humano é definido ao mesmo tempo que um campo de quase-humanos, o humano espectral, o desconstituído, é mantido e detido, aquele feito para viver e morrer dentro da esfera extra-humana e extrajurídica da vida. Não é apenas o tratamento desumano dos prisioneiros em Guantánamo que atesta esse campo de seres apreendidos, politicamente, como indignos de direitos humanos básicos. Isso também é encontrado em alguns dos quadros legais pelos quais podemos buscar a prestação de contas por esse tratamento desumano, de tal forma que a brutalidade continua – revisada e deslocada –, por exemplo, no antídoto processual extrajudicial para o crime. Vemos o funcionamento de um caprichoso zelo processual fora da lei e a produção da prisão como um local para a intensificação de táticas gerenciais sem restrições legais e sem relação com o julgamento, com a punição ou com os direitos dos prisioneiros. Vemos, de fato, um esforço para produzir um sistema judicial secundário e uma esfera de detenção não legal que efetivamente produzem a prisão em si como uma esfera extrajudicial mantida pelo poder extrajudicial do Estado.

Essa nova configuração de poder requer um novo enquadramento teórico ou, pelo menos, uma revisão dos modelos de pensar o poder que já temos à nossa disposição. A existência do poder extrajudicial não é nova, mas o mecanismo pelo qual ele alcança seus objetivos nas atuais circunstâncias é singular. De fato, pode ser que essa singularidade consista na forma como a "circunstância atual" se transforma em uma realidade que se estende indefinidamente para o futuro, controlando não apenas a vida dos presos e o destino do direito constitucional e internacional, mas também as próprias maneiras pelas quais o futuro pode ou não ser pensado.

Como podemos finalmente entender, então, essa operação extrajudicial do poder? Sugeri anteriormente que os protocolos que regem a detenção indefinida e os novos tribunais militares reinstituem formas de poder soberano nos níveis executivo e administrativo. Se a cronologia do poder moderno que Foucault transmite e contesta em seu ensaio "A governamentalidade" implica que a soberania é em grande parte superada pela governamentalidade, então a atual configuração de poder nos força a repensar a cronologia que está implícita nessa distinção, como Foucault também sugeriu que fizéssemos. Além disso, se o poder do Estado procura agora instaurar uma forma soberana para si próprio por meio da suspensão do estado de direito, não faz sentido que o Estado deixe de fabricar a lei. Pelo contrário, significa apenas que a lei que ele fabrica, na forma de novos tribunais militares, é amplamente considerada ilegítima pelos críticos nacionais e internacionais.[36] Portanto, não é simplesmente que a governamentalidade se torna um novo local para a elaboração da soberania, ou que os novos tribunais se tornam totalmente sem lei, e sim que a soberania supera a lei estabelecida, e aqueles sujeitos que não respondem a ninguém se tornam investidos da tarefa de fabricação discricionária da lei.

Esse ressurgimento contemporâneo da soberania é distinto de suas outras operações históricas, mas permanece ligado a elas de certas formas importantes. Em "A governamentalidade", Foucault distingue *a arte do governo*, que tem como tarefa a gestão e o cultivo de populações, bens e questões econômicas, do *problema da soberania*, que, segundo ele, é tradicionalmente separado da gestão de bens e pessoas, e preocupa-se sobretudo com a preservação do principado e

---

[36] A Ordem dos Advogados dos Estados Unidos expressou sua relutância (julho de 2003) em encorajar advogados a assumir a defesa de seis presos com julgamento marcado porque eles não queriam que sua participação fosse interpretada como uma aceitação da legitimidade desses tribunais.

do território. De fato, a soberania, como Foucault esboça sua evolução a partir do século XVI, passa a ter *ela mesma* como objetivo. Ele escreve: "Em todos os casos, o que caracteriza o fim da soberania, esse bem comum e geral, não é mais do que a submissão à soberania. Isso significa que o fim da soberania é circular: isso significa que o fim da soberania é o exercício da soberania" (p. 95). Ele chama isso de "circularidade de soberania autorreferente", da qual se entende que o objetivo principal da soberania é a postulação de seu próprio poder. O maior objetivo da soberania é manter esse poder postulado como autoritário e efetivo. Para Maquiavel, argumenta Foucault, o principal objetivo do príncipe era "manter seu principado" (p. 95). A versão mais contemporânea da soberania tem a ver com o exercício efetivo de seu próprio poder, a postulação de si mesmo como um poder soberano. Poderíamos ler os vestígios revitalizados dessa soberania nos atos pelos quais as autoridades "julgam" que certo prisioneiro pode ser detido por tempo indeterminado, ou nos atos pelos quais o Executivo "considera" que determinado prisioneiro é digno de um julgamento, ou nos atos em que o presidente decide a sentença final de inocência ou culpa, e se a pena de morte deve ser aplicada.

Foucault faz uma distinção entre governamentalidade e soberania ao alegar que a governamentalidade é a arte de administrar coisas e pessoas, preocupada com táticas, e não com leis, ou com aquilo que as usa como parte de um esquema mais amplo de táticas para atingir certos objetivos políticos (p. 95). A soberania, em sua autorreferencialidade, fornece uma base que legitima a lei, mas não é, por essa mesma razão, a mesma coisa que a lei cuja legitimidade ela diz aprovar. De fato, se levarmos este último ponto em consideração, parece que a governamentalidade trabalha para romper a soberania na medida em que expõe a lei como um conjunto de táticas. A soberania, por outro lado, procura fornecer a base para a lei sem nenhum objetivo específico à vista, a não ser mostrar ou exercer o poder autônomo de si própria: a lei é fundamentada em algo que não seja ela mesma, na soberania, mas a soberania não é fundamentada em nada além de si mesma.

Para Foucault, então, a governamentalidade considera as leis como táticas; sua operação é "justificada" através de seu objetivo, mas não por meio de qualquer conjunto de princípios anteriores ou funções legitimadoras. Essas funções podem estar em uso, mas elas não são, afinal, o que anima o campo da governamentalidade. Entendido dessa maneira, as operações de governamentalidade são, em sua maior parte, extrajudiciais, ao mesmo tempo que não são ilegais. Quando a lei se torna uma tática da governamentalidade, ela deixa de funcionar como um fundamento legitimador: *a governamentalidade concretiza o entendimento do poder como irredutível à lei*. Assim, a governamentalidade torna-se o campo no qual a soberania ressurgente pode erguer sua face anacrônica, já que a soberania também é infundada na lei. Na situação atual, a soberania denota uma forma de poder que é fundamentalmente sem lei, cuja ilegalidade pode ser percebida na maneira pela qual a própria lei é fabricada ou suspensa de acordo com a vontade de um sujeito designado. A nova prisão de guerra literalmente gerencia populações e, portanto, funciona como uma operação da governamentalidade. Ao mesmo tempo, porém, ela explora a dimensão extrajudicial da governamentalidade para afirmar um poder soberano sem lei sobre a vida e a morte. Em outras palavras, a nova prisão de guerra constitui uma forma de governamentalidade que se enxerga como sua própria justificativa e busca estender essa forma autojustificadora de soberania encorajando o emprego da dimensão extrajudicial da governamentalidade. Afinal de contas, serão os "agentes" que considerarão os suspeitos como terroristas ou os combatentes como "perigosos", e serão esses "agentes", e não representantes dos tribunais sujeitos à lei, que, ostensivamente, revisarão os casos de quem se encontra detido indefinidamente. Da mesma forma, os próprios tribunais são concebidos explicitamente como "um instrumento" usado a serviço da segurança nacional, da proteção do principado, do exercício contínuo e estendido da soberania do Estado.

Foucault lança a dúvida sobre uma história progressiva na qual a governamentalidade viria a suplantar a soberania ao longo do tempo e argumenta, em certa passagem, que ambas, em conjunto com a disciplina, devem ser entendidas como contemporâneas uma da outra. Mas qual forma a soberania toma quando a governamentalidade é estabelecida? Foucault oferece uma narrativa em que a governamentalidade apoia a continuação do Estado de uma forma que a soberania não é mais capaz. Ele escreve, por exemplo, que "a arte do governo só se desenvolve quando a questão da soberania deixa de ser central" (p. 97). A questão da soberania parece ser a questão de sua função legitimadora. Quando essa pergunta deixa de ser feita, presumivelmente porque não há resposta, o problema da legitimidade torna-se menos importante que o problema da efetividade. O Estado pode ou não ser legítimo, ou obter sua legitimidade a partir de um princípio de soberania, mas ele continua a "sobreviver" como um local de poder em virtude da governamentalidade: a gestão da saúde, das prisões, da educação, dos exércitos, dos bens, assim como o fornecimento de condições discursivas e institucionais a fim de produzir e manter populações em relação a essas instituições. Quando Foucault escreve que "as táticas de governamentalidade [...] tornam possível a definição e a redefinição contínua do que está incluído na competência do Estado e do que não está", ele declara a dependência do Estado – sua operação como poder efetivo – para com a governamentalidade: "O Estado só pode ser entendido em sua sobrevivência e em seus limites com base nas táticas gerais de governamentalidade" (p. 103). Para nós, então, a questão é: como a produção de um espaço para um poder privilegiado e que não se vincula a ninguém funciona como parte das táticas gerais de governamentalidade? Em outras palavras, sob quais condições a governamentalidade produz uma soberania sem lei como parte de sua própria operação de poder?

Foucault argumenta que a esfera extrajudicial da governamentalidade emerge apenas quando se separa dos "direitos de soberania". Nesse sentido, então, a governamentalidade depende de "a questão da soberania" não mais predominar sobre o campo do poder. Ele argumenta que "o problema da soberania nunca apareceu com maior força do que neste momento, já que não mais envolve [...] uma tentativa de derivar uma arte de governo a partir de uma teoria da soberania" (p. 101). De fato, aparentemente, uma vez que emerge a esfera de gestão de populações fora da lei, a soberania não mais opera como um princípio que forneceria a justificativa para essas formas de gestão populacional. Que uso tem a soberania neste momento? A circularidade da soberania autorreferente é elevada quando ocorre essa separação entre governamentalidade e soberania. Ela não oferece base, não tem uma base, portanto torna-se radicalmente, se não maníaca e tautologicamente, autocontrolada em um esforço para manter e ampliar seu próprio poder. Mas se os objetivos de autopreservação e autoampliação do Estado estão mais uma vez ligados à "soberania" (desvinculados agora da questão de sua função legitimadora), esta pode ser mobilizada como uma das táticas de governamentalidade, com o objetivo de administrar populações e preservar o Estado nacional, fazendo as duas coisas enquanto suspende a questão da legitimidade. A soberania torna-se o meio pelo qual as reivindicações de legitimidade funcionam tautologicamente.

Embora eu não possa, dentro dos limites da presente análise, considerar as várias ramificações históricas do argumento de Foucault, podemos ver que a situação atual exige uma revisão de sua teoria. Não pode estar correto, como ele afirma, dizer que "se os problemas de governamentalidade e as técnicas de governo se tornaram as únicas questões políticas, o único espaço real para a luta e a contestação políticas, isso é porque a governamentalização do Estado permitiu ao Estado sobreviver" (p. 103). Não está exatamente claro qual é a relação de Estado com soberania e governamentalidade nessa formulação, mas parece claro que, por mais condicionada que a soberania seja, ela ainda estimula e sustenta o Estado em alguns aspectos importantes. É possível, como defende Foucault, que a governamentalidade não possa ser derivada da soberania, que quaisquer conexões causais que uma vez pareceram plausíveis já não o são mais. Mas isso não exclui a possibilidade de que a governamentalidade possa se tornar o local para a revitalização desse terreno perdido, para a reconstituição da soberania sob uma nova forma. O que temos diante de nós agora é o desdobramento da soberania como uma tática, uma tática que produz sua própria efetividade enquanto objetivo. A soberania torna-se o instrumento de poder pelo qual a lei é usada taticamente ou então suspensa, pelo qual as populações são monitoradas, detidas, reguladas, inspecionadas, interrogadas, têm suas ações uniformizadas, totalmente ritualizadas e expostas ao controle e à regulação em seu cotidiano. A prisão apresenta as táticas gerenciais da governamentalidade de um modo extremo. E enquanto esperamos que a prisão esteja ligada à lei – ao julgamento, à punição, aos direitos dos prisioneiros –, atualmente vemos um esforço para produzir um sistema judicial secundário e uma esfera de detenção ilegal que efetivamente produz a prisão como uma esfera extrajudicial. Mesmo se estivéssemos tentados a declarar que a soberania é um modo anacrônico de poder, seríamos forçados a lidar com os meios pelos quais os anacronismos recirculam em novas constelações de poder. Pode-se afirmar que a soberania preocupa-se exclusivamente com um exercício de autocontrole e não tem objetivos instrumentais, mas isso seria subestimar o modo como seu poder autônomo poderia ser instrumentalizado dentro de um conjunto mais amplo de táticas. O objetivo da soberania é continuar a ser exercida e aumentar esse mesmo poder de ser exercida; na situação atual, no entanto, ela só consegue atingir esse objetivo por meio da gestão de populações fora da lei. Assim, mesmo quando as táticas governamentais dão origem a essa soberania, ela passa a operar no próprio campo da governamentalidade: o manejo de populações. Finalmente, parece importante reconhecer que uma maneira de "administrar" uma população é constituí-la como algo menos do que humano, privado de direitos, uma humanidade irreconhecível. Isso é diferente de produzir um sujeito que está em conformidade com a lei; e é diferente da produção de um sujeito que utiliza a norma da humanidade como seu princípio constitutivo. O sujeito que não é sujeito não é vivo nem morto, nem completamente constituído como sujeito nem plenamente desconstituído na morte. "Gerenciar" uma população é, portanto, não apenas um processo pelo qual o poder regulador produz um conjunto de sujeitos. É também o processo de dessubjetivação, com enormes consequências políticas e jurídicas.

Pode parecer que a implicação normativa da minha análise é um desejo de que o Estado seja obrigado a legislar de uma forma que não trate a lei meramente como instrumental ou como algo dispensável. Isso é verdade. Mas não estou interessada no estado de direito em si, e sim no lugar da lei na articulação de uma concepção internacional de direitos e obrigações que limitam e condicionam as reivindicações da soberania do Estado. E estou mais interessada ainda em elaborar um relato do poder que resultará em locais eficazes para uma intervenção dos efeitos desumanizadores da nova prisão de guerra. Estou incrivelmente ciente de que os modelos internacionais podem ser explorados por aqueles que têm o poder de usá-los a seu favor, mas penso que um novo internacionalismo deve, no entanto, lutar pelos direitos dos apátridas e por formas de autodeterminação que não se transformem em formas caprichosas e cínicas da soberania do Estado. Há vantagens em conceber o poder de tal modo que ele não esteja centrado no Estado-nação, mas concebido, pelo contrário, a fim de operar também por meio de instituições e discursos não estatais, uma vez que os pontos de intervenção se proliferaram, e o objetivo da política não é só ou simplesmente a derrubada do Estado. Um conjunto mais amplo de táticas é iniciado pelo campo da governamentalidade, incluindo aqueles discursos que moldam e deformam o que entendemos por "o humano".

Sou a favor da autodeterminação, desde que entendamos que nenhum "eu", assim como nenhum sujeito nacional, existe à parte de um *socius* internacional. Um modo de autodeterminação para qualquer pessoa, independentemente da situação atual do Estado, não é o mesmo que o exercício extrajudicial da soberania com o propósito de suspender direitos de forma aleatória. Como resultado, é impossível que haja um exercício legítimo de autodeterminação que não seja condicionado e limitado por uma concepção internacional de direitos humanos que forneça o quadro obrigatório para a ação do Estado. Por exemplo, sou a favor da autodeterminação palestina e mesmo do Estado palestino, mas esse processo teria que ser apoiado e limitado pelos direitos humanos internacionais. Da mesma forma, sou igualmente ávida para que Israel desista da religião como um pré-requisito para os direitos de cidadania, e acredito que nenhuma democracia contemporânea pode e deve basear-se em condições excludentes de participação, como a religião. O governo Bush rompeu numerosos tratados internacionais nos últimos dois anos, muitos deles relacionados ao controle e ao comércio de armas, e muitas dessas revogações ocorreram antes do 11 de Setembro. Até mesmo o pedido estadunidense para que uma coligação internacional se formasse após esses acontecimentos presumia que os Estados Unidos iriam definir os termos, liderar o caminho, determinar o critério de filiação e conduzir seus aliados. Essa é uma forma de soberania que busca absorver e instrumentalizar uma coligação internacional, em vez de submeter-se a uma prática autolimitada em virtude de suas obrigações internacionais. Da mesma forma, a autodeterminação palestina só será assegurada como um direito se houver um consenso internacional de que há direitos a serem cumpridos em face de um exercício vaidoso e violento da prerrogativa soberana por parte de Israel. Meu receio é que a detenção indefinida de prisioneiros em Guantánamo, para os quais nenhum direito de apelação será possível dentro dos tribunais federais, se torne um modelo de marcação e gestão de pressupostos terroristas em vários locais ao redor do mundo, nos quais nenhum direito de apelação aos direitos internacionais e aos tribunais internacionais será suposto. Se essa ampliação de um poder sem lei e ilegítimo ocorrer, veremos o ressurgimento de uma soberania do Estado violenta e autoengrandecedora às custas de qualquer compromisso de cooperação global que possa apoiar e redistribuir radicalmente os direitos de reconhecimento que gerenciam quem pode ser tratado conforme os padrões que devem governar o modo de tratamento dos seres humanos. Ainda precisamos nos tornar humanos, aparentemente, e agora essa perspectiva parece ainda mais radicalmente ameaçada, se não estiver, por enquanto, indefinidamente excluída.

A acusação de antissemitismo:
judeus, Israel e os riscos da crítica pública

Visões profundamente anti-israelenses estão ganhando cada vez mais suporte em comunidades intelectuais progressistas. Pessoas sérias e ponderadas estão defendendo e tomando ações que são antissemitas em seus efeitos, se não em suas intenções.

Lawrence Summers, reitor da Universidade de Harvard, 12 de setembro de 2002

Quando o reitor da Universidade de Harvard, Lawrence Summers, observou que criticar Israel naquela atual conjuntura e pedir para que universidades se distanciassem de Israel eram ações "antissemitas em seus efeitos, se não em suas intenções",[37] ele introduziu uma distinção controversa, na melhor das hipóteses, entre um antissemitismo efetivo e intencional. É claro que a contra-acusação foi que, ao fazer sua declaração, o reitor de Harvard desferiu, efetiva, se não intencionalmente, um golpe contra a liberdade acadêmica. Embora tenha deixado claro que sua ação não quis ser de censura, e que ele é a favor de que essas ideias sejam "debatidas

---

[37] GELLES, David. Summers Says Anti-Semitism Lurks Locally. *The Harvard Crimson*, Cambridge, 19 set. 2002.

livre e civilmente",[38] suas palavras exerceram um efeito inibidor sobre o discurso político, alimentando o medo de que criticar Israel durante aquele período seria expor-se à acusação de antissemitismo. Ele fez sua afirmação acerca de várias ações que chamou de "efetivamente antissemitas", incluindo boicotes da Europa a Israel, comícios antiglobalização nos quais eram expressas as críticas a Israel e esforços de arrecadação de fundos para organizações de "proveniência política questionável". De interesse local para ele, no entanto, havia uma petição de desinvestimento elaborada por professores do MIT e de Harvard que se opunham à atual ocupação israelense e ao tratamento para com palestinos. Ao envolver-se com essa iniciativa de forma crítica, Summers indagou por que Israel estava sendo "alvo [...], entre todas as nações", de uma campanha de desinvestimento, sugerindo que essa exclusão era evidência de um objetivo antissemita. E embora Summers afirmasse que aspectos da política israelense "podem e devem ser vigorosamente desafiados", não ficou claro como tais desafios poderiam ou iriam ocorrer sem serem interpretados de alguma forma como sendo anti-Israel, e por que essas questões de política externa, que incluem "ocupação" e são também, portanto – considerando a disputa acerca de fronteiras estatais legítimas –, políticas domésticas, não devem ser vigorosamente desafiadas por uma campanha de desinvestimento. Parece que apelar ao desinvestimento não é o mesmo que um legítimo "desafio vigoroso", mas não nos são dados quaisquer critérios para julgar a diferença entre esses vigorosos desafios que precisam ser articulados e aqueles que carregam a força "efetiva" de antissemitismo.

Claro, Summers está certo ao expressar preocupação com o crescente antissemitismo, e cada judeu progressista, juntamente com cada pessoa progressista, deveria estar desafiando vigorosamente o antissemitismo onde quer que ele ocorra, especialmente se ocorrer no contexto de movimentos

---

[38] Observações relatadas pelo *Boston Globe*, em 16 de outubro de 2002.

mobilizados em parte ou completamente contra a ocupação israelense de terras palestinas. Parece que agora, no entanto, estamos historicamente na posição em que os judeus não podem ser entendidos apenas e sempre como vítimas prováveis. Às vezes certamente estamos, às vezes certamente não estamos. Nenhuma ética política pode surgir a partir da suposição de que os judeus monopolizam a posição de vítima.[39] O termo "vítima" é rapidamente transponível, e pode mudar de minuto em minuto do judeu atrozmente morto por homens-bomba em um ônibus para a criança palestina atrozmente morta por tiros israelenses. A esfera pública precisa ser aquela em que *ambos* os tipos de violência são desafiados com insistência e em nome da justiça.

No entanto, se acharmos que criticar a violência israelense, ou que exigir táticas específicas que pressionem economicamente o Estado de Israel a mudar suas políticas, é engajar-se em um "antissemitismo efetivo", deixaremos de expressar nossa oposição por medo de sermos vistos como parte de uma empreitada antissemita. Nenhum rótulo poderia ser pior para um judeu. A própria ideia desse rótulo amedronta o coração de qualquer judeu que sabe que, ética e politicamente, identificar-se com a posição de antissemita seria totalmente insuportável. Essa posição traz à mente imagens dos judeus que colaboraram com os nazistas. E é provavelmente justo dizer que para a maioria dos judeus progressistas que carregam o legado da Shoá em suas formações psíquicas e políticas, o quadro ético dentro do qual operamos toma a forma da seguinte pergunta: ficaremos em silêncio (e seremos colaboradores de um poder ilegitimamente violento), ou nos faremos ouvir (e seremos incluídos entre aqueles que fizeram

---

[39] Para uma extensa discussão sobre como o próprio sionismo passou a aceitar e perpetuar a noção de que os judeus, e somente os judeus, podem ser vítimas, ver OPHIR, Adi. The Identity of the Victims and the Victims of Identity: A Critique of Zionist Ideology for a Post-Zionist Age. In: SILBERSTEIN, Laurence (Ed.). *Mapping Jewish Identities*. Nova York: New York University Press, 2000.

o que podiam para deter essa violência ilegítima), mesmo que falar represente um risco para nós mesmos? O esforço judeu de criticar Israel durante esses períodos emerge, eu argumentaria, precisamente a partir desse *ethos*. E embora a crítica seja muitas vezes retratada como insensível ao sofrimento judeu, no passado e no presente, sua ética é elaborada precisamente a partir dessa experiência de sofrimento, para que o sofrimento em si possa acabar, para que algo que possamos razoavelmente chamar de *a inviolabilidade da vida* possa ser honrada de forma justa e verdadeira. O fato de um enorme sofrimento ter ocorrido não autoriza a vingança ou a violência legítima, mas ele deve ser mobilizado a serviço de uma política que busca diminuir o sofrimento de forma universal, que busca reconhecer a inviolabilidade da vida, de todas as vidas.

Summers mobiliza o uso da acusação "antissemita" para reprimir as críticas públicas, mesmo quando se distancia explicitamente das evidentes operações de censura. Ele escreve, por exemplo: "O único antídoto para ideias perigosas são alternativas fortes e vigorosamente defendidas". Mas com que dificuldade alguém defende vigorosamente a ideia de que a ocupação israelense é brutal e errada, e que a autodeterminação palestina é um bem necessário, se a expressão dessas opiniões invoca a terrível acusação de antissemitismo?

Consideremos sua declaração em detalhes para entender o que ele quis dizer e o que se segue logicamente ao que ele disse. Para entender a alegação de Summers, temos que ser capazes de conceber um "antissemitismo efetivo", que pertença a certos tipos de discursos, ou que siga certas elocuções, ou sirva de estrutura para esses enunciados, mesmo que não faça parte da intenção consciente dos autores do enunciado. Sua visão presume que tais declarações serão entendidas por outros como antissemitas ou serão recebidas dentro de um dado contexto como antissemitas. Se a afirmação dele for verdadeira, então haverá um caminho ou, talvez, um modo predominante de recebê-las, ou seja, recebê-las como argumentos ou declarações antissemitas. Parece que precisamos perguntar, então,

130

qual o contexto que Summers tem em mente quando ele faz sua afirmação; em outras palavras, em que mundo qualquer crítica a Israel será tomada como antissemita?

Ora, pode ser que Summers estivesse efetivamente dizendo que, enquanto comunidade, amplamente entendida como a esfera pública dos Estados Unidos, ou, de fato, uma comunidade internacional mais ampla que pode incluir partes da Europa e de Israel, a única maneira em que uma crítica a Israel pode ser ouvida é por certo enquadramento na escuta, de tal forma que essa crítica, seja sobre os assentamentos na Cisjordânia, o fechamento da Universidade de Birzeit, a demolição de casas em Ramallah ou Jenin, ou o assassinato de inúmeras crianças e civis, só pode ser aceita e interpretada como um ato de ódio aos judeus. Se imaginarmos quem está ouvindo e entendendo estes últimos exemplos de críticas *como* antissemitas, isto é, expressando ódio pelos judeus ou demandando uma ação discriminatória contra eles, seremos convidados a evocar um ouvinte que atribui intenção ao falante: "fulano de tal" fez uma declaração pública contra a ocupação israelense dos territórios palestinos, e isso provavelmente significa que "fulano de tal" realmente odeia os judeus ou está disposto a incitar aqueles que o fazem. Desse modo, a crítica não é entendida ao pé da letra, mas ganha um significado oculto, que está em discordância com sua afirmação explícita. Assim, a afirmação explícita não precisa ser ouvida, uma vez que o que se está ouvindo é a afirmação oculta feita sob a declaração explícita. A cobrança da crítica contra Israel nada mais é do que um manto para esse ódio, ou um disfarce para um chamado, transmutado em sua forma, para ações discriminatórias contra os judeus.

Assim, enquanto o próprio Summers introduz uma distinção entre antissemitismo intencional e efetivo, parece que o antissemitismo efetivo só pode ser entendido conjurando um mundo ininterrupto de ouvintes e leitores que tomam certas afirmações críticas a Israel *como sendo* tacitamente ou abertamente expressões antissemitas. A única maneira de entender o antissemitismo *efetivo* seria pressupor o antissemitismo *intencional*. O antissemitismo efetivo de qualquer crítica a Israel acabará por residir na intenção do falante, já que ele é atribuído retrospectivamente a quem recebe – ouve ou lê – essa crítica. A intenção de um discurso, então, não pertence àquele que fala, mas é mais tarde atribuída ao falante por aquele que ouve. A intenção do discurso é assim determinada tardiamente pelo ouvinte.

Agora, pode ser que Summers tenha outro ponto de vista em mente, ou seja, que declarações críticas *serão usadas* por aqueles que têm uma intenção antissemita, que tais declarações serão exploradas por aqueles que querem não apenas ver a destruição de Israel, mas também a degradação ou a desvalorização do povo judeu em geral. Nesse caso, parece que o próprio discurso, se permitido na esfera pública, será adotado por aqueles que procuram usá-lo não apenas como uma crítica a Israel, mas como uma maneira de agredir os judeus ou de expressar ódio por eles. De fato, há sempre esse risco, o risco de que comentários negativos sobre o Estado de Israel sejam interpretados erroneamente como comentários negativos sobre os judeus. Mas afirmar que o único significado que tal crítica pode ter é ser considerada como um comentário negativo sobre os judeus é atribuir a essa interpretação particular um enorme poder de monopolizar o campo de recepção de tal crítica. O argumento contrário à permissão de que críticas a Israel cheguem à esfera pública afirma que elas fomentam aqueles que têm intenções antissemitas e que estes conseguirão cooptar essas críticas. Aqui, novamente, a distinção entre antissemitismo efetivo e antissemitismo intencional se multiplica, na medida em que a única maneira que uma declaração tem de tornar-se efetivamente antissemita é se existir, em algum lugar, a intenção de usar tal declaração para fins antissemitas, uma intenção imaginada como sendo enormemente eficaz na realização de seus objetivos. De fato, mesmo se acreditássemos que as críticas a Israel são em geral ouvidas como antissemitas (por judeus, por antissemitas, por pessoas que não são nenhum dos dois), então seria responsabilidade de todos nós mudarmos as condições de recepção para que o público possa começar a aprender a distinção política crucial entre a crítica a Israel, de um lado, e o ódio aos judeus, do outro.

Outra consideração deve ser feita aqui, já que o próprio Summers está fazendo uma declaração, uma forte declaração, como reitor de uma instituição que assume seu valor em parte como um símbolo de prestígio acadêmico nos Estados Unidos. Em sua declaração, ele está dizendo que, como ouvinte, entenderá qualquer crítica a Israel como sendo efetivamente antissemita. Embora ao fazer suas declarações tenha alegado que não estava falando como reitor da universidade, mas como um "membro da comunidade", seu discurso era um discurso oficial, e teve peso na imprensa precisamente porque ele exerceu a autoridade simbólica de seu gabinete. Desse modo, ele modela o ouvinte ou leitor que nos pede para conjurar. Se ele é quem está informando ao público que considerará qualquer crítica a Israel como sendo antissemita, que qualquer crítica a Israel terá esse efeito *sobre ele* e, portanto, será "efetivamente" antissemita, então ele está dizendo que o próprio discurso público deve ser restringido de maneira que tais declarações críticas não sejam proferidas. Se elas forem proferidas, serão entendidas e interpretadas como antissemitas. As pessoas que proferirem esses argumentos serão vistas como estando envolvidas em um discurso antissemita, ou até mesmo em um discurso de ódio. Mas é importante fazer uma distinção entre um discurso antissemita, que, digamos, produz um ambiente hostil e ameaçador para estudantes judeus, um discurso racista, que qualquer administrador universitário seria obrigado a se opor e a regular, e um discurso que deixa um estudante politicamente desconfortável porque ele se opõe a um Estado ou a um conjunto de políticas de Estado que qualquer aluno poderia defender. Este último é um debate político, e se dissermos que o caso de Israel é diferente porque a própria identidade do estudante está ligada ao Estado de Israel, de forma que qualquer crítica a Israel é considerada um ataque aos "israelitas" ou, de fato, "judeus" em geral, então "separamos" essa forma de lealdade política de todas as outras formas de lealdade política no mundo que estão abertas à disputa pública, nos engajando na forma mais ultrajante de censura silenciosa e "efetiva".[40]

De fato, parece que não apenas Summers consideraria tais críticas como antissemitas, mas também que ele está, a partir de seu exemplo, e pelo estatuto normativo de seu enunciado, recomendando que outros também considerem essas críticas de tal maneira. Ele está estabelecendo a norma para uma interpretação legítima. Não sabemos sua opinião sobre vários casos, se eles chegassem a seus ouvidos, mas a sua declaração atual dá autoridade simbólica à afirmação de que tais críticas são inadmissíveis, da mesma forma que o são os enunciados racistas. O complicado, no entanto, é que sua compreensão do que constitui a retórica antissemita depende de uma leitura muito específica e muito questionável do campo de recepção desse discurso. Parece que ele está, com sua declaração, descrevendo uma condição sociológica sob a qual os discursos ocorrem e são interpretados, isto é, descrevendo o fato de que estamos vivendo em um mundo onde, para melhor ou pior, as críticas a Israel são simplesmente entendidas como antissemitas. Ele está, no entanto, falando também como quem faz uma interpretação semelhante dessas críticas, assim, moldando a própria interpretação por ele descrita. Nesse sentido, ele está produzindo uma receita: ele sabe que efeito tais afirmações têm, e ele está nos falando sobre esse efeito; elas serão consideradas antissemitas; ele as considera antissemitas; e, desse modo, retoricamente, ele recomenda que outros também as entendam como tal.

---

[40] Robert Fisk escreve: "A calúnia generalizada de 'antissemitismo' está sendo usada com uma crescente promiscuidade contra as pessoas que condenam a maldade dos atentados suicidas palestinos tanto quanto a crueldade dos inúmeros assassinatos de crianças por Israel em um esforço para calar a boca [das pessoas]" (How to Shut Up Your Critics With a Single Word. *The Independent*, Londres, 21 out. 2002).

134

A questão não é apenas que sua distinção entre antissemitismo efetivo e intencional possa não ser válida, mas que a maneira pela qual a distinção entra em colapso em sua formulação é precisamente o que produz a condição sob a qual certos pontos de vista públicos são tomados como discurso de ódio em seus resultados, se não em suas intenções. Um ponto que Summers não levantou é que qualquer ação que o Estado de Israel execute em nome de sua autodefesa é totalmente legítima e não deve ser questionada. Não sei se ele aprova todas as políticas israelenses, mas imaginemos, para fins de argumentação, que ele não o faça. Não sei se ele tem opiniões, por exemplo, sobre a destruição de casas e a matança de crianças em Jenin que, em 2002, atraíram a atenção das Nações Unidas, mas não foram investigadas como violação de direitos humanos quando Israel se recusou a deixar a ONU examinar a cena. Imaginemos que ele se oponha a essas ações e àquelas mortes, e que elas estejam entre as questões de "política externa" que ele acredita que devam ser "vigorosamente desafiadas". Se for esse o caso, então ele será compelido, sob sua formulação, a não expressar sua desaprovação, acreditando que a expressão dessa desaprovação seria interpretada, efetivamente, como antissemitismo. E se ele acha que é possível expressar essa desaprovação, ele não nos mostrou como ela poderia ser expressa de tal maneira que a alegação de antissemitismo pudesse ser evitada.

Se alguém decidisse não manifestar uma crítica a esses assassinatos por medo de que esta pudesse ser considerada uma crítica aos judeus, digamos, como um povo, ou que estivesse alimentando o fogo do antissemitismo em outros lugares, seria compelido a escolher entre exercer o direito ou, de fato, a obrigação de fazer críticas públicas contra formas de injustiças violentas, por um lado, e fomentar o sentimento antissemita através do exercício desse direito, por outro. Se Summers se opusesse a tais políticas, ele se censuraria e pediria aos outros que fizessem o mesmo?

Não tenho a resposta para essa pergunta, mas a lógica de Summers sugere o seguinte: poderíamos concluir, com base no desejo de não reforçar o sentimento e a crença antissemitas, que certas ações do Estado israelense – atos de violência e assassinato contra crianças e civis – não devem ser rejeitadas, passando despercebidas e sem protestos, e que tais atos de violência devem continuar, sem serem impedidos por protestos públicos ou indignação por medo de que qualquer crítica contra eles seja equivalente a antissemitismo, isso se não for antissemitismo de fato.

Ora, é certamente possível argumentar, como eu argumentaria e de fato argumento, que todas as formas de antissemitismo devem ser combatidas, mas parece que agora temos um sério conjunto de confusões sobre quais formas o antissemitismo assume. De fato, o problema atual do antissemitismo é omitido aqui pelo modo estratégico em que a acusação de antissemitismo funciona. Quando a acusação for feita, e se for feita, será mais fraca por ter sido usada como uma ameaçada interpelação. De fato, se a acusação de antissemitismo é usada para defender Israel a todo custo, então o poder da acusação de trabalhar contra aqueles que rebaixam e discriminam os judeus, que praticam violência contra as sinagogas na Europa, brandem bandeiras nazistas e apoiam organizações antissemitas é radicalmente diluído. De fato, muitos críticos de Israel agora descartam todas as alegações de antissemitismo como "inventadas", depois de terem sido expostos usarão dessas alegações como meio de censura do discurso político, e isso produz uma insensibilidade e recusa em reconhecer as realidades políticas existentes que são, na melhor das hipóteses, preocupantes. Uma razão, então, para opor-se ao uso da acusação de antissemitismo como ameaça e como meio de reprimir a crítica política é que a acusação deve ser mantida viva como um instrumento crucial e efetivo a fim de combater o antissemitismo presente e futuro.

Summers, por outro lado, não nos diz por que as campanhas de desinvestimento ou outras formas de protesto público *são* antissemitas, se elas o forem. Pelo contrário, parece que o "antissemitismo" funciona aqui como uma acusação que não corresponde a um determinado tipo de ação ou enunciado, mas que é unilateralmente conferida por aqueles que temem as consequências de críticas abertas contra Israel. De acordo com Summers, existem algumas formas de antissemitismo que são caracterizadas retroativamente por aqueles que decidem seu estatuto. Isso significa que não se deve dizer ou fazer nada que possa ser considerado antissemita por outros. Mas e se os outros que estão ouvindo estiverem errados? Se uma forma de antissemitismo for definida retroativamente por quem ouve um determinado conjunto de discursos, ou testemunha certo conjunto de protestos contra Israel, então o que resta da possibilidade de um protesto legítimo contra um determinado Estado, quer pela sua própria população ou por aqueles que vivem fora de suas fronteiras? Se dissermos que toda vez que a palavra "Israel" é proferida o falante realmente que dizer "judeus", então excluiremos antecipadamente a possibilidade de que o falante realmente queira dizer "Israel".

Se distinguirmos antissemitismo de formas de protesto contra o Estado de Israel (ou, na verdade, contra colonizadores de direita que às vezes agem independentemente do Estado), reconhecendo que às vezes eles, assustadoramente, trabalham juntos, então teremos uma chance de entender que a população judaica do mundo não se considera unida ao Estado de Israel em sua forma e prática atuais, e que os judeus *em Israel* não se consideram unidos ao Estado de Israel. Em outras palavras, a possibilidade de um substantivo movimento de paz judaico depende de: (a) uma distância produtiva e crítica do Estado de Israel (que pode estar associada a um profundo investimento em que caminho futuro essa distância tomará); (b) uma distinção clara entre o antissemitismo, de um lado, e formas de protesto contra o Estado de Israel com base nessa distância crítica, do outro.

Entendo que a visão de Summers, no entanto, depende da completa e perfeita identificação do povo judeu com o

Estado de Israel, não apenas uma "identificação" que ele faz ao unir os dois, mas também uma "identificação" que ele pressupõe ser subjetivamente adotada pelos próprios judeus. Sua opinião parece implicar também uma reivindicação adicional, ou seja, que qualquer crítica a Israel é "anti-Israel", no sentido de que a crítica é entendida como um desafio ao direito de Israel de existir.[41]

Em algum momento me posicionarei sobre o problema da identificação, mas antes consideremos a última afirmação. Uma crítica a Israel não é o mesmo que um desafio à existência de Israel, e nem é o mesmo que um ato antissemita, embora cada acusação possa trabalhar em conjunto com cada uma das outras acusações. Existem condições sob as quais seria possível dizer que uma leva à outra. Um desafio ao direito de Israel existir só pode ser interpretado como um desafio à existência do povo judeu se houver a crença de que Israel é a única coisa que mantém o povo judeu vivo, ou a crença de que todo o povo judeu tem seu sentido de permanência investido no Estado de Israel em suas formas atuais ou tradicionais. Aparentemente, apenas se fizermos uma dessas suposições a crítica contra Israel funciona como um desafio à própria sobrevivência dos judeus. Naturalmente, poderíamos argumentar que a crítica é essencial para qualquer organização

---

[41] Observe, na versão completa da declaração usada como epígrafe para este ensaio, como Summers une o antissemitismo às visões anti-israelenses: "Onde o antissemitismo e os pontos de vista profundamente anti-Israel têm sido tradicionalmente a principal reserva de um populismo de direita mal-formulado, visões profundamente anti-israelenses estão cada vez mais encontrando apoio em comunidades intelectuais progressistas". Nessa declaração, ele começa unindo o antissemitismo a visões anti-israelenses, sem dizer precisamente que são a mesma coisa. Mas até o final da sentença, o antissemitismo é absorvido e transportado para o termo "anti-israelense" (e não anti-*Israel*, como se fosse ao povo que estivesse se opondo, em vez do aparato estatal) para que possamos entender que não apenas as posições anti-israelenses, mas o próprio antissemitismo está encontrando apoio entre as comunidades intelectuais progressistas.

democrática e que as políticas que salvaguardam as críticas têm maior chance de sobrevivência do que as que não o fazem.

Imaginemos, para fins de argumentação, que um conjunto de críticas contesta as pressuposições básicas do Estado de Israel, o qual produz formas diferenciais de cidadania, assegurando o direito de retorno aos judeus, mas não aos palestinos, que mantêm uma base religiosa para o próprio Estado. Para que uma crítica a Israel seja entendida como um desafio à sobrevivência dos judeus ou à própria condição de ser judeu, teríamos que pressupor não apenas que "Israel" não poderia mudar em resposta a críticas legítimas, mas que um Israel mais radicalmente democrático seria ruim para os judeus ou para o judaísmo. De acordo com esta última crença, a crítica em si não é um valor judaico, e essa crença vai claramente contra não apenas as longas tradições da interpretação talmúdica, mas contra todas as fontes religiosas e culturais que se opõem abertamente à injustiça e à violência ilegítima que há séculos fazem parte da vida judaica, antes da formação do Estado contemporâneo de Israel e com ele.

Assim, parece que o próprio significado do que é ser judeu ou, de fato, do que a "judaicidade" é sofreu uma certa redução na formulação oferecida por Summers. Ele identifica os judeus com o Estado de Israel como se eles fossem perfeitamente iguais, ou ele presume que, psicológica e sociologicamente, todo judeu assume tal identificação, e que essa identificação é essencial para a identidade judaica, uma identificação sem a qual essa identidade não poderia existir. Apenas com base em tais pressupostos, então, segue-se que qualquer crítica a Israel ataque uma identificação primária que os judeus supostamente têm com o Estado de Israel. Mas o que devemos fazer com os judeus que se *des*identificam com Israel ou, pelo menos, com o Estado de Israel (que não é o mesmo que toda a sua cultura)? Ou judeus que se identificam com Israel (israelenses ou não), mas não toleram várias de suas práticas e não se identificam com elas? Há uma enorme gama aqui: aqueles que são silenciosamente ambivalentes sobre como Israel se comporta atualmente, aqueles que são semiarticulados em suas dúvidas sobre a ocupação, aqueles que são fortemente opostos à ocupação, mas dentro de um quadro sionista, aqueles que gostariam de ver o sionismo repensado ou, de fato, abandonado, e expressam ou não suas opiniões em público. Há judeus que podem partilhar de qualquer uma das opiniões listadas anteriormente, mas só as expressam para suas famílias, ou nunca as expressam para suas famílias, ou apenas as exprimem para seus amigos, mas nunca em público, ou as verbalizam em público, mas não podem voltar para casa. Dada a extraordinária amplitude da ambivalência judaica sobre esse tópico, não deveríamos suspeitar de todo esforço retórico que presume uma equivalência entre judeus e Israel? O argumento de que todos os judeus têm um investimento sincero no Estado de Israel é simplesmente falso. Alguns têm um sincero investimento em sanduíches de carne enlatada ou em certos contos talmúdicos, lembranças das avós, o sabor do borscht ou os ecos do teatro iídiche. Alguns se importam mais com canções hebraicas, a liturgia e os rituais religiosos. Alguns têm um investimento em arquivos históricos e culturais da Europa Oriental ou da Shoá, ou em formas de ativismo trabalhista que são completamente seculares, embora ainda "judaicas" em um sentido substancialmente social. Fontes de identificação judaico-americana existem, por exemplo, na comida, no ritual religioso, nas organizações de serviço social, nas comunidades diaspóricas, nos direitos civis e nas lutas por justiça social em relativa independência da questão do estatuto de Israel.

O que fazer com os judeus, inclusive comigo, que têm uma ligação emocional com o estado de Israel, críticos de sua forma atual, e que justamente por isso pedem uma reestruturação radical de sua base econômica e jurídica? Seria sempre possível dizer que tais judeus não conhecem seu próprio interesse, que tais judeus se voltam contra outros judeus, que tais judeus se voltam contra sua própria condição judaica? Mas e se as críticas ao Estado de Israel forem feitas em nome da "judaicidade", em nome da justiça, precisamente porque, por assim dizer, tais críticas parecem "melhores para os judeus"? Por que não seria sempre "melhor para os judeus" abraçar formas de democracia radical que estendam o que é "melhor" a todos, judeus ou não? Assinei uma petição com esse objetivo, "Carta Aberta dos Judeus Americanos", que no fim reuniu 3.700 de nós que, identificados como judeus, nos opúnhamos à ocupação israelense.[42] Essa foi uma crítica limitada, uma vez que não pedia o fim do sionismo *per se*, nem a realocação de terras aráveis, nem a ponderação sobre o direito de retorno dos judeus, e nem a distribuição justa de água e remédios para os palestinos, assim como não pedia a reorganização do Estado de Israel a partir de uma base mais radicalmente igualitária. Essa crítica foi, no entanto, uma crítica aberta a Israel. Suponhamos que um grande número de pessoas que assinaram essa petição passe por algo que poderíamos chamar de *mágoa* ao se posicionar contra a política israelense em público, e que suas mãos tremam enquanto assinam seus nomes nessa lista. Essa mágoa emerge do pensamento de que Israel, ao submeter 3,5 milhões de palestinos a uma ocupação militar, representa os judeus de uma forma que esses signatários consideram não somente repreensível, mas verdadeiramente terrível de suportar *enquanto judeus*; é precisamente *enquanto judeus*, mesmo em nome de um futuro judaico diferente, que eles clamam por um outro caminho, que afirmam sua "desidentificação" com essa política, que defendem outro caminho para a política judaica, que buscam ampliar a fratura entre o Estado de Israel e o povo judeu a fim de produzir uma visão alternativa. Essa fratura é crucial para iniciar e sustentar uma relação crítica com o Estado de Israel, seu poder militar, suas formas diferenciais de cidadania, suas práticas não monitoradas de tortura, sua brutalidade nas fronteiras e seu nacionalismo notório.

---

[42] A carta e seus signatários podem ser encontrados em <http://www.peacemideast.org/index.htm#openletter>.

Poderíamos usar uma lente psicológica e dizer que tais apelos sofrem de um antissemitismo internalizado, mas, para ser justa, Summers não faz essa afirmação, mesmo que, *efetivamente*, ela pareça ser a continuidade lógica do que ele diz. Pedir, como eu fiz e muitos outros já fizeram, que as universidades desinvistam do Estado de Israel não é o mesmo que tolerar a posição de que Israel deveria ser "jogado ao mar", e não é, como um ato de discurso público, equivalente a jogar Israel ao mar. O discurso pede a Israel que incorpore certos princípios democráticos, acabe com a ocupação e, em alguns casos, rejeite a base sionista do Estado atual em favor de outro, mais igualitário e democrático. O pedido exerce um direito democrático de expressar críticas e procura impor uma pressão econômica sobre Israel pelos Estados Unidos e outros países para que ele implemente direitos para os palestinos, de outra forma privados das condições básicas para uma autodeterminação. Críticas a Israel podem assumir várias formas diferentes e se diferem de acordo com sua origem, se são geradas dentro ou fora do Estado: alguns desejam a implementação dos direitos humanos, alguns desejam o fim da ocupação, alguns clamam por um Estado palestino independente e alguns pedem o restabelecimento da base do próprio Estado de Israel sem levar em conta a religião, de modo que a solução seja um Estado único que ofereça cidadania de forma igualitária a todos os habitantes daquela terra. De acordo com este último pedido, o judaísmo não seria mais a base do Estado, mas constituiria uma realidade cultural e religiosa polivalente no próprio Estado, protegida pelas mesmas leis que protegem os direitos de expressão religiosa e a autodeterminação cultural de todos os outros povos que têm direito a tal terra.[43]

---

[43] Ver a discussão de Adi Ophir sobre a visão de Uri Ram acerca do pós-sionismo: "Para o pós-sionista, a nacionalidade não deve determinar a cidadania, e sim o contrário: a cidadania deve determinar os limites da nação israelense. O judaísmo seria então considerado uma religião, um assunto comunitário ou uma questão de uma etnia particular, uma entre muitas". OPHIR. The Identity of the Victims

É importante lembrar que a identificação da "judaicidade" com Israel, implícita na formulação que sustenta que criticar Israel é efetivamente engajar-se em antissemitismo, elimina a realidade de um pequeno, mas dinâmico movimento de paz em Israel. O que fazer com aqueles que fazem parte da esquerda da Paz Agora, que pertencem ao pequeno, mas importante movimento pós-sionista em Israel, como os filósofos Adi Ophir e Anat Biletzki, o professor de teatro Avraham Oz, o sociólogo Uri Ram ou o poeta Yitzhak Laor? Devemos dizer que os judeus, ou melhor, os israelenses que são críticos da política israelense ou, na verdade, questionam a estrutura e as práticas de autolegitimação do Estado de Israel são, portanto, judeus que se odeiam ou que não são sensíveis às maneiras pelas quais essas críticas podem atiçar as chamas do antissemitismo? Será que, em vez disso, esses críticos apresentam um caminho diferente para o Estado de Israel, e que suas políticas, de fato, emergem a partir de outras fontes de visão política, algumas claramente judaicas, e não daquelas atualmente codificadas como sionismo? O que devemos fazer acerca da nova organização Brit Tzedek nos Estados Unidos, com um número de membros, em uma última contagem, próximo a 20 mil, que procura oferecer uma voz judaico-americana alternativa à do AIPAC,[44] opondo-se à atual ocupação militar e lutando pela solução de um Estado binacional? E a Jewish Voices for Peace [Voz Judaica pela Paz], o Jews Against the Occupation [Judeus Contra a Ocupação], o Jews for Peace in the Middle East [Judeus pela Paz no Oriente Médio], a Faculty for Israeli-Palestinian

---

and the Victims of Identity, p. 186. Ver também a contribuição de Uri Ram, assim como outros escritos, em SILBERSTEIN, Laurence. *The Postzionist Debates: Knowledge and Power in Israeli Culture*. Nova York: Routledge, 1999.

[44] O AIPAC, American Israel Public Affairs Committee [Comitê EUA-Israel de Negócios Públicos], é o maior lobby judaico dos Estados Unidos e quase sempre apoia Israel em sua forma e práticas atuais.

Peace [Faculdade pela Paz Israelense-Palestina],[45] Tikkun, Jews for Racial and Economic Justice [Judeus pela Justiça Racial e Econômica], Women in Black ou, de fato, a missão crítica de Neve Shalom – Wahat al-Salam –, a única aldeia coletivamente governada por judeus e árabes no Estado de Israel, que também abriga a School for Peace [Escola pela Paz], oferecendo instrução na resolução de conflitos que se opõem à estratégia militar israelense.[46] O que devemos fazer com o Israel/Palestine Center for Research and Information [Centro Israel/Palestina de Pesquisa e Informação] em Jerusalém?[47] E o que fazer com o B'Tselem, a organização israelense de direitos humanos que monitora os abusos dos direitos humanos na Cisjordânia e em Gaza, ou com o Gush Shalom,[48] a organização israelense contra a ocupação, ou com o Yesh Gvul (2003),[49] grupo dos soldados israelenses que se recusaram a servir nos territórios ocupados? E, finalmente, o que fazer com Ta'ayush (que significa "viver junto" em árabe)? Esta última é uma coligação que não busca apenas a paz na região, mas que, por meio de ações colaborativas judaico-árabes, opõe-se a políticas estatais que levem ao isolamento, à assistência médica precária, à prisão domiciliar, à destruição de instituições educacionais e à falta de água e comida para palestinos que vivem sob a ocupação. Deixe-me citar a descrição de uma jovem crítica literária chamada Catherine Rottenberg que me foi enviada no outono de 2002 por um membro desse grupo:

> É um movimento de base que surgiu após os acontecimentos de outubro de 2000 – a eclosão da

---

[45] Ver <www.ffipp.org>.

[46] Ver <www.oasisofpeace.org>.

[47] Ver <www.ipcri.org>.

[48] Ver <www.btselem.org> e <www.gush-shalom.org>.

[49] Ver <www.shministim.org> para informações sobre Yesh Gvul. Ver também CHACHAM, Ronit. *Breaking Ranks: Refusing to Serve in the West Bank and Gaza*. Nova York: The Other Press, 2003.

Segunda Intifada e o assassinato de 13 cidadãos árabes dentro de Israel. O campo de paz israelense, particularmente o Paz Agora, não fez nada para movimentar as pessoas a irem às ruas; na verdade, houve apenas um murmúrio de protesto. Tudo começou quando alguns professores da Universidade de Tel Aviv e cidadãos palestinos de Israel da cidade de Kfar Qasim decidiram que um novo e real movimento árabe-judaico era desesperadamente necessário. Havia uma dúzia de ativistas na época. Agora existem ramos do Ta'ayush em todo o território de Israel e cerca de mil ativistas.

Muitos de nós estávamos cansados de ir aos protestos para ficar segurando – mais uma vez – um cartaz em nossas mãos... Estávamos pensando mais em resistência do que em protesto. Basicamente, usamos a desobediência civil não violenta para transmitir nossa mensagem (que é similar àquela endossada pelos acadêmicos judeus americanos [ver "Carta Aberta..."] – porém mais radical). Em Israel, somos provavelmente mais conhecidos por nossos comboios de alimentos e solidariedade que desafiam o cerco militar, muitas vezes rompendo as barreiras físicas, não apenas as psicológicas. Cidadãos de Israel, tanto judeus quanto palestinos, viajam em comboios compostos de carros particulares (nosso último comboio incluía aproximadamente cem carros) para aldeias na Cisjordânia, onde estabelecem – antecipadamente – fortes laços depois de meses de diálogo. Tentamos romper as barreiras – físicas, psicológicas e políticas – que separavam os dois povos e expor a brutalidade da ocupação. Levamos ajuda humanitária, mas a usamos mais como uma ferramenta política para quebrar o cerco do que como ajuda humanitária em si. Não pega bem para Israel quando a imprensa internacional relata que eles impediram a ajuda humanitária de chegar às aldeias – embora isso ocorra o tempo todo!

Geralmente conseguimos obter alguma atenção da mídia. Também ajudamos a organizar muitas manifestações; elas são sempre em coligação com outras organizações (como a Coalition of Women for a Just Peace [Coalizão de Mulheres por uma Paz Justa]).

Ontem (agosto de 2002), o Ta'ayush tentou chegar a Belém – para acabar com o toque de recolher e fazer uma manifestação com moradores contra as políticas draconianas de Israel. A polícia não nos deixou entrar na cidade, é claro, e usou gás lacrimogêneo e mangueiras de água para nos dispersar. Mas nos manifestamos de qualquer maneira, perto do posto de controle, telefonando para nossos parceiros palestinos (em Belém) para que eles pudessem falar com a multidão.

Nos últimos meses, também trabalhamos em Israel, tentando expor e combater a discriminação contra a população palestina. Na semana passada, organizamos um acampamento de trabalho em uma das muitas aldeias não reconhecidas no norte, e na próxima semana um comboio de água irá para vilarejos beduínos não reconhecidos que ainda não dispõem de água encanada.

Sou ativista há muitos anos, mas o Ta'ayush é algo extraordinário. Tem sido uma incrível experiência de aprendizagem – tanto em termos de democracia quanto em formas de negociar gênero, classe, sexualidade e raça em tempos de crise. Todos nós temos diferentes agendas políticas, mas sempre conseguimos de alguma forma manter o diálogo e trabalhar juntos. Não há escritórios ou cargos oficiais, é a democracia sendo aplicada, e consequentemente temos horas e horas e horas de reuniões. Criamos uma comunidade real e, até onde posso ver, é a única luz (mesmo que pequena) no momento.[50]

---

[50] Ver <www.taayush.org>. Citação usada com a permissão da autora.

Tais organizações não estão apenas expressando noções de coletividade "judaica", mas, assim como Neve Shalom, elas minam um *ethos* nacionalista a fim de desenvolver uma nova base política para a coexistência. Elas são, poderíamos dizer, elementos da diáspora trabalhando juntamente com Israel para desalojar a presunção generalizada do nacionalismo. Como observa Yitzhak Laor, "uma vida conjunta significa abrir mão de partes de um *ethos* nacional".[51]

Parece crucial, não apenas para os propósitos da liberdade acadêmica, mas certamente também para isso, que consideremos com cuidado essas questões, já que tais questionamentos não se equivalem a equiparar judeus a sionistas ou, de fato, o judaísmo ao sionismo. Ao longo do século XIX e no começo do século XX – e, de fato, no início de Israel – ocorreram debates entre os judeus sobre se o sionismo era uma ideologia política legítima, se deveria se tornar a base de um Estado, se os judeus tinham algum direito, direito aqui entendido em um sentido moderno, de reivindicar aquela terra – terra habitada por palestinos durante séculos – e qual futuro teria um projeto político judaico baseado na despossessão violenta da terra dos palestinos, na despossessão em uma escala maciça, na matança e na suspensão dos direitos fundamentais dos palestinos. Houve aqueles que procuraram transformar o sionismo em algo compatível com a coexistência pacífica e outros que o utilizaram com o objetivo de agressão militar, e ainda o fazem. Houve aqueles que pensaram, e ainda pensam, que o sionismo não serve de base legítima para um Estado democrático em uma situação em que se deve presumir que uma população diversificada pratica diferentes religiões, e que grupo algum, com base em sua etnia ou em seus pontos de vista religiosos, deve ser excluído de qualquer direito concedido aos cidadãos em geral. E há aqueles que sustentam que a apropriação violenta das terras palestinas e o deslocamento de 700 mil palestinos no momento da fundação de Israel

---

[51] IAOR, Yitzhak. Will the Circle Be Unbroken? *Ha'aretz*, Tel Aviv, 2 ago. 2002.

produziram uma base violenta e desumana para a formação desse Estado em específico, uma que repete seu gesto fundador na contenção e na desumanização dos palestinos em territórios ocupados. De fato, o novo "muro" que está sendo construído entre Israel e os territórios ocupados ameaça deixar 95 mil palestinos desabrigados. Essas são certamente questões e problemas sobre o sionismo que devem ser levantados e que precisam e devem ser discutidos em uma esfera pública, e as universidades são certamente um lugar onde podemos exercer tal reflexão crítica. Mas em vez de entender o tópico do "sionismo" como algo digno de debate crítico e aberto, estamos sendo convidados, por Summers e outros, a tratar qualquer abordagem crítica como um "antissemitismo efetivo" e, portanto, descartá-la como um tópico de divergência e discussão legítimos.

Qual é o melhor momento, no entanto, para indagar sobre a história do sionismo, as implicações de sua implementação, as alternativas que foram excluídas quando ele se estabeleceu em 1948, que futuro ele deve ter, se é que deve ter um futuro? Uma importante história precisa ser revelada e aberta a um novo debate: quais foram as objeções de Hannah Arendt ao sionismo e por que Martin Buber chegou a repudiar tal projeto? Quais movimentos foram críticos do Estado de Israel desde o seu início dentro da comunidade de judeus na Palestina: B'rith Shalom, o Movimento Matzpen? Na academia, indagamos sobre as tradições de crença e prática política dos Estados Unidos; consideramos várias formas de socialismo de modo crítico e aberto; e consideramos em uma ampla variedade de contextos o nexo problemático da religião e do nacionalismo. O que significa paralisar as nossas capacidades de escrutínio crítico e investigação histórica quando esse tópico vem à tona, temendo que sejamos expostos à acusação de "antissemitismo" se expressarmos nossas preocupações, nossa mágoa, nossa objeção, nossa indignação de forma pública? Dizer, efetivamente, que qualquer um que expresse sua mágoa e ultraje em voz alta será considerado (tardiamente, e por poderosos "ouvintes") como antissemita é procurar controlar o tipo de discurso que circula na esfera pública, com o objetivo de nos aterrorizar com a acusação de antissemitismo e produzir um clima de pânico pelo uso tático de um julgamento hediondo com o qual nenhuma pessoa progressista gostaria de se identificar. Se enterrarmos nossas críticas por medo de sermos rotulados como antissemitas, damos poder aos que querem restringir a liberdade de expressão das crenças políticas. Viver com essa acusação é, obviamente, terrível, mas é algo menos terrível quando se sabe que ela é falsa, e só ficamos sabendo disso se há outros que estão dialogando conosco, os quais podem nos auxiliar a respaldar a noção das coisas que sabemos.

Quando, no outono de 2002, Daniel Pipes fundou a Campus Watch, divulgou uma lista negra de acadêmicos que estudam o Oriente Médio e que, em sua opinião, eram críticos de Israel, logo, antissemitas ou fomentadores do antissemitismo. Mark Lance, um filósofo da Universidade de Georgetown, iniciou uma campanha por e-mail na qual alguns de nós escrevemos para reclamar por não estarmos listados no site. O objetivo da iniciativa desse e-mail era enfraquecer o poder da "lista negra" como uma tática remanescente do macarthismo. A maioria de nós escreveu para dizer que, se acreditar na autodeterminação palestina era o que bastava para ser incluído na lista, gostaríamos de estar nela também. Embora tivéssemos sido subsequentemente chamados de "apologistas" de antissemitismo e arrolados na internet sob esse título, não existia indivíduo algum que fizesse parte dessa campanha que aceitasse a ideia de que criticar Israel ou promover a autodeterminação palestina eram atos antissemitas. De fato, quando Tamar Lewin, do *New York Times*, entrou em contato comigo após meu nome ter sido associado ao início de tal campanha, ela disse que estava fazendo uma reportagem sobre o aumento do antissemitismo no campus, sugerindo que a oposição ao site de Daniel Pipes era evidência desse aumento. Expliquei a ela que eu era, como muitos outros que se pronunciaram, uma judia progressista (lidando com o discurso da política de identidade no momento), e que rejeitava a noção de que apoiar a autodeterminação palestina era em si um ato antissemita. Indiquei a ela várias organizações judaicas e petições que se pronunciavam da mesma forma que eu e sugeri que essa não era uma reportagem sobre o antissemitismo, mas sobre como a acusação de antissemitismo trabalha a fim de silenciar certos pontos de vista políticos. A sua reportagem no *New York Times*, *"Web Site Fuels Debates on Campus Anti-Semitism"* [Website inflama debates sobre antissemitismo no campus], de 27 de setembro de 2002, distorceu a questão de forma significativa, uma vez que aceitou a suposição de que havia posições "pró-Israel" e "pró-palestino" que não se sobrepunham de forma alguma, e recusou-se a se dirigir a vários de nós como judeus por termos expressado oposição ao site e a seu neomacarthismo. De fato, o artigo conseguiu associar aqueles que se opunham a Pipes com o antissemitismo em si, embora tivéssemos, ao conversar com ela, deixado claro o nosso profundo asco ao antissemitismo.

Muitas distinções importantes são omitidas pela grande mídia quando se supõe que existem apenas duas posições no Oriente Médio, e que elas podem ser adequadamente descritas pelos termos "pró-Israel" e "pró-palestino". Várias pessoas são acusadas de manter uma ou outra posição, e a suposição é de que estas são opiniões distintas, internamente homogêneas, e que não se sobrepõem. Esses termos sugerem que ser "pró-Israel" é considerar que tudo o que Israel faz está certo, e que ser "pró-palestino" é considerar que qualquer coisa que os palestinos façam estará certa. Verdadeiras visões sobre o espectro político, no entanto, não caem facilmente em tais extremos. Perde-se de vista várias formulações complexas acerca de crenças políticas. Pode-se, por exemplo, ser a favor da autodeterminação palestina, mas ainda assim condenar atentados suicidas e discordar de outros que compartilham ambas as visões sobre a forma que a autodeterminação deve assumir. Pode-se, por exemplo, ser a favor do direito de Israel de existir, mas ainda assim indagar: qual a forma mais legítima e democrática que tal existência pode assumir? Uma pessoa que questiona a forma atual é anti-Israel? Uma pessoa que defende que Israel/Palestina seja uma junção verdadeiramente democrática é anti-Israel? Ou será que estamos tentando encontrar uma forma mais adequada para essa política, que possa envolver um número amplo de possibilidades: uma versão revisada do sionismo, um Israel pós-sionista, uma Palestina autodeterminada, ou uma fusão de Israel, resultando em um Israel/Palestina melhor, onde seriam eliminadas todas as qualificações de direitos baseadas em raça e religião? Se uma pessoa é contra uma versão atual do sionismo, e oferece razões para sê-lo, razões que eliminariam todas as formas de discriminação racial, incluindo todas as formas de antissemitismo, então essa é uma crítica a Israel que não se qualifica imediatamente como antissemita.

O que não quer dizer que não haverá aqueles que se apegarão à existência da crítica para promover suas visões antissemitas. Isso pode muito bem acontecer, e certamente aconteceu. Não é minha intenção aqui contestar essa possibilidade e essa realidade. Mas o fato de existirem aqueles que irão tirar vantagem dessa crítica não é razão suficiente para silenciá-la. Se a possibilidade dessa exploração servir como uma razão para acabar com a dissidência política, então efetivamente entregamos o domínio do discurso público àqueles que aceitam e perpetuam a visão de que o antissemitismo é aprovado pelas críticas contra Israel, incluindo os que buscam perpetuar o antissemitismo por essas críticas e os que buscam sufocar tais críticas por medo de perpetuarem o antissemitismo. Permanecer calado por medo de uma possível apropriação antissemita é manter intacta a própria equivalência entre sionismo e judaísmo, quando é precisamente a separação entre os dois que garante as condições para um pensamento crítico sobre essa questão. Permanecer em silêncio por medo de uma apropriação antissemita considerada inevitável é desistir da possibilidade de combater o antissemitismo por outros meios.

O que me parece irônico aqui é que o próprio Summers faz a equivalência entre sionismo e judaísmo e, ao que parece, entre sionistas e judeus, embora essa seja a própria tática do antissemitismo. Ao mesmo tempo que isso acontecia, participei de uma lista de e-mails na qual alguns indivíduos que se opunham às atuais políticas do Estado de Israel, e que às vezes opunham-se ao próprio sionismo, começaram a fazer essa mesma distorção, às vezes opondo-se ao que chamavam de "sionismo", e outras vezes opondo-se ao que chamavam de interesses "judeus". Toda vez que essa equação era formulada, muitos de nós nos opúnhamos e, como consequência, várias pessoas retiraram-se da lista, incapazes de continuar suportando tal distorção. Mona Baker, a polêmica acadêmica em Manchester, Inglaterra, que demitiu dois colegas israelenses do conselho de seu jornal de estudos sobre traduções em um esforço de boicotar instituições israelenses, ofereceu um fraco argumento em defesa de seu ato, alegando que não era possível fazer distinções entre indivíduos e instituições. Ao dispensar esses indivíduos, ela alegou que os estava tratando como símbolos do Estado de Israel, já que eram cidadãos israelenses. Mas os cidadãos não são o mesmo que os Estados: a própria possibilidade de uma discordância significativa depende da diferença entre eles. A presunção de uma dinâmica contínua entre os cidadãos israelenses e o Estado de Israel não apenas transformou todos os israelenses em equivalentes aos interesses do Estado, mas tornou mais difícil para os acadêmicos fora de Israel se aliarem a dissidentes que estão dentro do Estado, tomando posições fortes e importantes contra a ocupação. A fusão de cidadãos com Estados que Mona Baker fez rapidamente seguiu-se, em seu próprio discurso, de um colapso entre os interesses "israelenses" e "judeus". A resposta de Baker à crítica generalizada acerca da dispensa de estudiosos israelenses de seu conselho foi enviar e-mails para o grupo AcademicsForJustice reclamando de jornais "judeus", rotulando como "pressão" a oportunidade que alguns jornais ofereceram de discutir o problema com aqueles que ela havia dispensado. Ela recusou esse diálogo. Naquele momento, parecia que ela não apenas travava uma luta contra a atual política israelense ou, na verdade, contra a estrutura e a base de legitimação do Estado israelense, mas sim, de repente, contra os "judeus", identificados como um lobby que pressiona as pessoas, um lobby que a pressiona. Ela não apenas se envolveu em estereótipos antissemitas estabelecidos, mas também ruiu a importante distinção entre judaísmo e sionismo. Em sua defesa, Baker salientou que um dos jornais sionistas que procurou seu engajamento tinha o nome de *The Jewish Press* [A Imprensa Judaica], mas esse deslize de nome próprio para entidade genérica permanece, mesmo assim, infeliz. A mesma crítica que ofereci à visão de Summers aplica-se também a Baker: uma coisa é se opor a Israel em sua forma e práticas atuais ou, na verdade, ter indagações críticas sobre o sionismo em si; outra coisa é se opor aos "judeus", ou ter medo de "judeus", ou pressupor que todos os "judeus" têm a mesma opinião, que eles são todos a favor de Israel, identificados com Israel ou representados por Israel. Curiosa e dolorosamente, é preciso dizer que, nesse ponto, e nessas ocasiões, Mona Baker e Lawrence Summers fazem uso de uma premissa similar: os judeus são equivalentes a Israel. No caso de Summers, a premissa trabalha a serviço de um argumento contra o antissemitismo; no de Baker, funciona como um efeito do próprio antissemitismo. De fato, parece-me que um aspecto do antissemitismo ou mesmo de qualquer forma de racismo é que todo um povo é falsa e sumariamente equiparado a uma dada posição, visão ou disposição. Dizer que todos os judeus têm uma dada visão sobre Israel ou são adequadamente representados por Israel ou, por outro lado, que os atos de Israel, o Estado, adequadamente representam os atos de todos os judeus é fundir os judeus com Israel e, portanto, girar em torno dessa redução antissemita da "judaicidade". Infelizmente, o argumento de Summers contra o antissemitismo faz uso dessa premissa antissemita (o que não significa que ele *seja* antissemita). E vemos o antissemitismo dessa premissa expresso na observação de Mona Baker sobre a imprensa "judaica", que é presumivelmente identificada com os interesses do Estado de Israel (o que não significa que ela *seja* antissemita).

Ao defender uma distinção entre Israel e os judeus, estou pedindo um espaço de crítica e uma condição de dissenso para que os judeus críticos a Israel possam se articular, mas também estou me opondo a reduções antissemitas da "judaicidade" aos interesses israelenses. O "judeu" não é definido por Israel, assim como ele não é definido pela diatribe antissemita. O "judeu" excede ambas as determinações, e é encontrado, substantivamente, como esse excesso diaspórico, em uma identidade histórica e culturalmente mutante que não assume uma única forma e não tem um único *telos*. Uma vez que a distinção entre Israel e os judeus for feita, uma discussão intelectual do sionismo e do antissemitismo pode ser instaurada, já que será importante tanto entender criticamente o legado do sionismo e debater o seu futuro quanto acompanhar e se opor ao antissemitismo como ele é propagado no mundo inteiro. Uma posição progressista judaica seguirá ambas as direções, e se recusará a rotular o impulso crítico como antissemita ou a aceitar o discurso antissemita como um legítimo substituto da crítica.

É necessário um espaço público em que tais questões possam ser cuidadosamente debatidas e no qual os acadêmicos possam corroborar o compromisso com a liberdade acadêmica e com a pesquisa intelectual que dê abertura a uma consideração ponderada sobre essas questões. O que estamos enfrentando aqui não é apenas a questão de se certos tipos de ideias e posições podem ser permitidos no espaço público, mas como o espaço público é em si definido por certos tipos de exclusões, certos padrões emergentes de cerceamento e censura. Considero que a acusação de antissemitismo contra os que expressam uma oposição à política israelense ou à sua ideologia fundadora procura desacreditar essa opinião como ódio ou discurso de ódio e procura questionar a sua autorização como liberdade de expressão ou, de fato, como comentário político de valor. Se não for possível expressar uma objeção à violência feita pelo Estado de Israel sem atrair a acusação de antissemitismo, então a acusação trabalha para circunscrever o domínio publicamente aceitável do discurso. Essa acusação também trabalha a fim de imunizar a violência israelense contra a crítica, recusando-se a aprovar a integridade das alegações feitas contra essa violência. Há a possibilidade de sermos ameaçados com o rótulo de "antissemitas", da mesma forma que, dentro dos Estados Unidos, ao se opor às guerras mais recentes, podemos ganhar o rótulo de "traidores", de "simpatizantes do terrorismo" ou, até mesmo, de "traidores do Estado". São ameaças com consequências psicológicas profundas. Elas procuram controlar o comportamento político impondo modos de identificação insuportáveis e estigmatizados, com os quais a maioria das pessoas evitará ser identificada a qualquer custo. Temendo a identificação, o diálogo falha. Tais ameaças de estigmatização, no entanto, podem e devem ser desmontadas, e isso só pode ser feito com o apoio de outros atores que dialoguem juntos e contra a ameaça que procura silenciar o discurso político. A ameaça de ser chamado de "antissemita" procura controlar, no nível do sujeito, o que estamos dispostos a dizer em voz alta e, no nível da sociedade em geral, circunscrever o que pode ou não ser dito em voz alta na esfera pública. Mais drasticamente, essas são ameaças que definem os limites da esfera pública, estabelecendo controles sobre o que pode ser dito. O mundo do discurso público, em outras palavras, será o espaço e o tempo a partir dos quais essas perspectivas críticas serão excluídas. A exclusão dessas críticas estabelecerá efetivamente as fronteiras do próprio público, e o público passará a se perceber como um público que não se manifesta criticamente diante da violência óbvia e ilegítima – a menos, é claro, que uma certa coragem coletiva tome conta de nós.

Vida precária

*[...] o excedente de toda socialidade
em detrimento de cada solidão.*

Lévinas

Em uma reunião recente, ouvi o diretor de imprensa de uma universidade contar uma história. Não ficou claro se ele se identificava com o ponto de vista no qual a história estava sendo contada, ou se ele estava apenas transmitindo más notícias de forma relutante. A história que ele contou foi sobre uma outra reunião, que ele participava como ouvinte, em que o reitor de uma universidade levantou a questão de que ninguém mais lê livros de humanidades, que as humanidades não têm mais nada a oferecer ou, melhor, nada para oferecer aos nossos tempos. Não tenho certeza se ele estava dizendo que o reitor da universidade disse que as humanidades perderam sua autoridade moral, mas parecia que isso era, na verdade, a opinião de alguém, e uma opinião que deveria ser levada a sério. Houve um subsequente conjunto de discussões na mesma reunião, nem sempre sendo possível atribuir uma opinião a quem falava, ou mesmo dizer se alguém realmente estava disposto a ter uma opinião. A discussão girou em torno da questão: será que as humanidades têm se enfraquecido, com todo o seu relativismo, questionamento e "crítica", ou estariam elas sendo sabotadas por todos aqueles que se *opõem* a todo esse relativismo, questionamento e "crítica"? Alguém sabotou as humanidades, ou algum grupo de pessoas o fez, mas não ficou claro quem, e não ficou claro quem achou que isso era verdade. Comecei a me perguntar se eu não estava no meio do próprio dilema das humanidades, aquele em que ninguém mais sabe quem está falando, em que voz e com que intenção. Será que alguém ainda suporta as palavras que pronuncia? Ainda podemos rastrear essas palavras de volta a um palestrante ou mesmo a um escritor? E qual mensagem, exatamente, estava sendo enviada?

Naturalmente, seria paradoxal se eu argumentasse agora que o que realmente precisamos é ligar o discurso aos autores e, dessa forma, restabelecer tanto os autores quanto a autoridade. Fiz o meu próprio trabalho, junto a muitos de vocês, na tentativa de cortar essa amarra. Mas o que acho que está faltando, e o que eu gostaria de ver e ouvir novamente, é a consideração de uma estrutura de endereçamento em si. Porque, embora eu não soubesse em qual voz essa pessoa estava falando, e se a voz era sua ou não, senti que ela estava sendo dirigida a mim, e que algo chamado pelo nome de "humanidades" estava sendo ridicularizado de uma forma ou de outra. Responder a isso parece uma obrigação importante nos tempos atuais. Essa obrigação é diferente da reabilitação do autor–sujeito *per se*. Trata-se de um modo de resposta por algo ter sido endereçado a mim, um comportamento em relação ao Outro somente depois que o Outro exigiu algo de mim, me acusou de ter falhado ou me pediu para assumir uma responsabilidade. Essa é uma troca que não pode ser equiparada ao esquema em que o sujeito está aqui como um tópico a ser interrogado reflexivamente, e o Outro está lá, como um tema a ser alcançado. A estrutura de endereçamento é importante para entendermos como a autoridade moral é introduzida e sustentada, se aceitarmos não apenas que nos endereçamos a outros quando falamos, mas que de alguma forma chegamos a existir, por assim dizer, no momento em que estamos sendo endereçados, e algo sobre nossa existência se mostra precário quando esse endereçamento falha. Mais enfaticamente, no entanto, o que nos vincula moralmente tem a ver com a forma como somos endereçados pelos outros de maneiras que não podemos evitar ou prevenir; esse impacto pelo endereçamento do outro nos constitui primeiramente contra nossa própria vontade ou, talvez, posto de maneira mais apropriada, antes da formação da nossa vontade. Então, se pensarmos que a autoridade moral significa encontrar nossa própria vontade e assim defendê-la, gravando nossos nomes em nossas vontades, pode ser que percamos o próprio modo de transmissão das exigências morais. Ou seja, perdemos a condição de sermos endereçados, a demanda que surge de outro lugar, às vezes de outro lugar sem nome, que articula e pressiona nossas obrigações.

De fato, não atribuo a mim mesma essa concepção do que é moralmente obrigatório; ela não procede da minha autonomia ou da minha reflexividade. Ela vem de outro lugar, não solicitada, inesperada e não planejada. Na verdade, ela tende a arruinar meus planos, e se meus planos estiverem arruinados, isso pode ser o sinal de que algo está moralmente atado a mim. Pensamos que presidentes proferem discursos de maneira voluntária, por isso, quando o diretor de uma editora universitária ou mesmo o reitor de uma universidade fala, esperamos saber o que eles estão dizendo, com quem estão falando e com que intenção o fazem. Esperamos que esse ato de endereçamento nos autorize e que, nesse sentido, nos enlace. Mas o discurso presidencial é algo estranho hoje em dia, e seria necessário um retórico melhor do que eu para entender o "mistério" de seus percursos. Por que será, por exemplo, que o Iraque é chamado de ameaça à segurança do "mundo civilizado", enquanto os mísseis lançados pela Coreia do Norte e até mesmo a tentativa de sequestro de reféns em barcos dos Estados Unidos são chamados de "questões regionais"? E se o presidente dos Estados Unidos foi instado por grande parte do mundo a revogar sua ameaça de guerra, por que ele não parece se sentir obrigado por esse endereçamento? Dado o caos em que o discurso presidencial caiu, no entanto, talvez devêssemos pensar mais seriamente sobre a relação entre os modos de endereçamento e a autoridade moral. Isso pode nos ajudar a descobrir quais valores as humanidades têm a oferecer e qual é a situação desse discurso em que uma autoridade moral se torna obrigatória.

Gostaria de considerar o "rosto", a noção introduzida por Emmanuel Lévinas, para explicar como os outros fazem reivindicações morais sobre nós, como nos endereçam demandas morais, demandas essas que não pedimos, mas que não podemos recusar. Lévinas faz uma exigência preliminar sobre mim, mas a sua não é a única exigência que devo seguir nos dias de hoje. Delinearei o que me parece ser os contornos de uma possível ética judaica da não violência. Relacionarei isso, então, com algumas das questões mais urgentes acerca da violência e da ética que nos afligem agora. A noção levinasiana de "rosto" causou consternação crítica por um longo tempo. Parece que o "rosto" do que ele chama de "Outro" faz uma exigência ética a mim, e mesmo assim ainda não sabemos o que está sendo reivindicado. O "rosto" do outro não pode ser lido em busca de um significado secreto, e o imperativo que ele entrega não é imediatamente traduzível em uma receita que possa ser linguisticamente formulada e seguida.

Lévinas escreve:

> A abordagem do rosto é o modo mais básico de responsabilidade [...] O rosto não está diante de mim (*en face de moi*), mas acima de mim; é o outro antes da morte, olhando através da e expondo a morte. Em segundo lugar, o rosto é o outro que me pede para não deixá-lo morrer sozinho, como se fazer isso fosse me tornar um cúmplice de morte. Assim o rosto me diz: você não matará. Na relação com o rosto, sou exposto como um usurpador do lugar do outro. O

célebre "direito à existência" que Spinoza chamou de *conatus essendi* e definiu como o princípio básico de toda a inteligibilidade é desafiado pela relação com o rosto. Assim, o meu dever de responder ao outro suspende o meu direito natural à autossobrevivência, *le droit vitale*. Minha relação ética de amor pelo outro decorre do fato de que o eu não consegue sobreviver sozinho, não consegue encontrar sentido dentro de seu próprio ser-no-mundo [...] Expor-se à vulnerabilidade do rosto é colocar meu direito ontológico à existência em questão. Na ética, o direito de existir do outro tem primazia sobre o meu, uma primazia sintetizada no édito ético: você não matará, não colocará em risco a vida do outro.[52]

E ainda:

O rosto é o que não se pode matar, ou pelo menos é aquilo cujo significado consiste em dizer: "não matarás". O assassinato, é verdade, é um fato banal: pode-se matar o Outro; a exigência ética não é uma necessidade ontológica [...] Ela também aparece nas Escrituras, nas quais a humanidade do homem é exposta na medida em que está envolvida no mundo. Mas, para falar a verdade, a aparição, no ser, dessas "peculiaridades éticas" – a humanidade do homem – é uma ruptura do ser. Ela é significativa, mesmo que o ser continue e recupere a si mesmo.[53]

---

[52] LÉVINAS, Emmanuel; KEARNEY, Richard. Dialogue with Emmanuel Lévinas. In: *Face to Face with Lévinas*. Albany: SUNY Press, 1986. p. 23-24. Lévinas primeiramente desenvolve esse conceito em *Totality and Infinity: An Essay on Exteriority*. Tradução para o inglês de Alphonso Lingis. Pitsburgo: Duquesne University Press, 1969. p. 187-203. Selecionei citações de seu trabalho posterior porque acredito que são formulações mais maduras e incisivas sobre o rosto.

[53] LÉVINAS, Emmanuel. *Ethics and Infinity*. Tradução para o inglês de Richard A. Cohen. Pitsburgo: Duquesne University Press, 1985. p. 87. Citado no texto como *EI*.

Assim, o rosto, estritamente falando, não fala, mas o que o rosto quer dizer, no entanto, é transmitido pelo mandamento: "Não matarás". Ele transmite esse mandamento sem necessariamente precisar enunciá-lo. Parece que podemos usar tal mandamento bíblico para entender algo sobre o significado do rosto, mas alguma coisa está faltando aqui, já que o "rosto" não fala do mesmo modo que a boca o faz; o rosto não é redutível à boca e nem, na verdade, a qualquer coisa que a boca tenha a proferir. Alguém ou alguma outra coisa fala quando o rosto é comparado a certo tipo de fala; é uma fala que não vem da boca ou, se vem, não tem origem ou significado finais na boca. Na verdade, em um ensaio intitulado *"Peace and Proximity"* [Paz e proximidade], Lévinas deixa claro que "o rosto não é exclusivamente um rosto humano".[54] Para explicar isso, ele faz referência ao texto *Life and Fate* [Vida e destino], de Vassili Grossman, que ele descreve como

> a história [...] das famílias, esposas e pais de detidos políticos que viajam para Lubianca em Moscou para receber as últimas notícias. Uma fila se forma no balcão, uma fila em que se pode ver apenas as costas dos outros. Uma mulher aguarda sua vez: [Ela] nunca achou que as costas humanas pudessem ser tão expressivas e pudessem transmitir estados mentais de uma maneira tão penetrante. As pessoas que se aproximavam do balcão tinham uma maneira particular de esticar o pescoço e as costas, os ombros eretos com escápulas como molas, que pareciam chorar, soluçar e gritar (*PP*, p. 167).

Aqui o termo "rosto" funciona como uma catacrese: "rosto" descreve as costas humanas, o esticar de pescoço, o levantar das escápulas como "molas". E essas partes corporais,

---

[54] LÉVINAS, Emmanuel. Peace and Proximity. In: PEPERZAK, Adriaan T.; CRITCHLEY, Simon; BERNASCONI, Robert (Eds.). *Basic Philosophical Writings*. Bloomington: Indiana University Press, 1996. p. 167. Citado no texto como *PP*.

por sua vez, choram, soluçam e gritam, como se fossem um rosto, ou melhor, um rosto com uma boca, uma garganta ou, na verdade, apenas uma boca e uma garganta de onde surgem vocalizações que não se ajustam como palavras. O rosto é encontrado nas costas e no pescoço, mas não é exatamente um rosto. Os sons que vêm do rosto ou através dele são angustiantes, sofredores. Assim, podemos ver que o "rosto" parece ser constituído de uma série de deslocamentos, de tal forma que um rosto é representado como as costas que, por sua vez, são representadas como uma cena de vocalização agonizante. E embora existam vários nomes aqui dispostos em sequência, eles resultam em uma aparência daquilo que não pode ser nomeado, um enunciado que não é, estritamente falando, linguístico. Assim, o rosto, o nome para o rosto e as palavras pelas quais devemos entender seu significado – "Não matarás" – não transmitem exatamente o significado do rosto, já que no final das contas, aparentemente, é precisamente a vocalização sem palavras do sofrimento que marca aqui os limites da tradução linguística. O rosto, se quisermos usar palavras para encontrar um significado para ele, será aquilo para o qual nenhuma palavra realmente funciona; o rosto parece ser uma espécie de som, o som da linguagem esvaziando seu sentido, o substrato sonoro da vocalização que precede e limita o recebimento de qualquer sentido semântico.

No final dessa descrição, Lévinas acrescenta as seguintes linhas, que não cumprem bem o formato de uma frase: "O rosto como a extrema precariedade do outro. A paz como o despertar para a precariedade do outro" (*PP*, p. 167). Ambas as declarações são similares, e ambas evitam o uso do verbo, especialmente da cópula. Elas não dizem que o rosto é aquele da precariedade, ou que a paz é o modo de se estar desperto para a precariedade do Outro. Ambas as frases são substituições que negam qualquer compromisso com a ordem do ser. Lévinas nos diz, de fato, que "a humanidade é uma ruptura do ser" e, nas observações anteriores, realiza essa suspensão e ruptura em um enunciado que é ao mesmo tempo mais e menos do que uma frase formada. Responder ao rosto, entender seu significado, significa estar desperto para o que é precário na vida de um outro, melhor, para a precariedade da própria vida. Isso não pode ser um despertar, para usar o termo de Lévinas, da minha própria vida, para que eu possa então fazer uma extrapolação da compreensão da minha própria precariedade até chegar à compreensão da vida precária de outra pessoa. É necessário que esse seja um entendimento da precariedade do Outro. É isso que faz o rosto pertencer à esfera da ética. Lévinas escreve: "O rosto do outro, em sua precariedade e desamparo, é para mim ao mesmo tempo a tentação de matar e o apelo à paz, o 'você não deve matar'" (*PP*, p. 167). Esta última observação sugere algo bastante acolhedor em vários sentidos. Por que a precariedade do Outro produziria em mim uma tentação de matar? Ou por que ela produziria a tentação de matar *ao mesmo tempo* que produz um pedido de paz? Existe alguma coisa sobre a minha percepção da precariedade do Outro que me faz querer matar esse Outro? É a simples vulnerabilidade do Outro que se metamorfoseia em tentação assassina para mim? Se o Outro, o rosto do Outro, que afinal carrega o significado dessa precariedade, ao mesmo tempo me instiga a assassinar e me proíbe de fazê-lo, então o rosto opera para produzir um conflito em mim e firma esse conflito no coração da ética. Parece que a voz de Deus é representada pela voz humana, pois é Deus quem diz, por meio de Moisés: "Não matarás". O rosto que ao mesmo tempo me torna homicida e me proíbe de cometer esse assassinato é aquele que fala numa voz que não é sua, que fala numa voz que não é humana.[55] Assim, o rosto faz várias declarações ao

---

[55] O plano de fundo teológico pode ser encontrado em Êxodo. Deus deixa claro a Moisés que ninguém pode ver a face Dele, isto é, que a face divina não é para ser vista e não está disponível para ser representada: "Não poderás ver a minha face, porque o ser humano não pode ver-me e permanecer vivo!" (33:20); mais tarde, Deus deixa claro que as costas podem e vão substituir a face: "Depois tirarei a palma da mão e me verás pelas costas. Minha face, todavia, não se poderá ver!" (33:23).

mesmo tempo: evidencia uma agonia, uma capacidade de violar, ao mesmo tempo que denuncia uma proibição divina contra o ato de matar.[56]

Anteriormente, em "Paz e proximidade", Lévinas considera a vocação da Europa e se pergunta se o "Não matarás" não seria exatamente o que deve ser entendido como o próprio significado da cultura europeia. Não fica claro onde começa ou termina sua Europa, se tem fronteiras geográficas ou se é produzida toda vez que o mandamento é pronunciado ou transmitido. Essa é, já, uma curiosa Europa cujo significado é conjecturado a fim de se constituir nas palavras do Deus hebraico, cujo estatuto civilizacional, por assim dizer,

---

Mais tarde, quando Moisés leva as palavras de Deus na forma dos mandamentos, está escrito: "No entanto, quando Arão e todos os israelitas observaram que o rosto de Moisés brilhava de forma tão resplandecente, tiveram pavor de chegar perto dele." (34:30). Mas o rosto de Moisés, carregando a palavra divina, também não deve ser representado. Quando Moisés retorna ao seu lugar humano, ele pode mostrar seu rosto: "Assim que terminou de lhes falar, cobriu o rosto com um véu. Quando Moisés entrava diante do Senhor para falar com Ele, retirava o véu, até o momento de sair. Todas as vezes que saía e compartilhava com todos os israelitas tudo o que havia sido ordenado, eles viam que seu rosto brilhava esplendorosamente. Então, de novo Moisés cobria o rosto com o véu até o próximo momento de entrar e conversar com o Senhor" (Ex 34:33-35)]". Agradeço a Barbara Johnson por me indicar essas passagens.

[56] Lévinas escreve: "Mas aquele rosto que me enfrenta, em sua expressão – em sua mortalidade – convoca, exige, requer de mim: como se a morte invisível encarada pelo rosto do outro […] fosse 'problema meu'. Como se, desconhecido pelo outro que já, na nudez de seu rosto, lhe diz respeito, me 'olhou' antes de seu confronto comigo, antes de ser a morte que me encara, a mim mesmo, no rosto. A morte do outro homem me coloca no centro das atenções, me evidencia, como se eu, pela minha possível indiferença, me tornasse cúmplice daquela morte, invisível para o outro que está exposto a ela; como se, mesmo antes de ser condenado, eu tivesse de responder pela morte do outro e não deixar o outro sozinho em sua solidão mortal" (LÉVINAS, Emmanuel. *Alterity and Transcendence*. Tradução de Michael B. Smith. Nova York: Columbia University Press, 1999. p. 24–25).

depende da transmissão de interdições divinas da Bíblia. É a Europa em que o hebraísmo tomou o lugar do helenismo e o Islã permanece algo impronunciável. Talvez Lévinas esteja nos dizendo que a única Europa que deveria ser chamada de Europa é aquela que eleva o Antigo Testamento acima da lei civil e secular. Em todo caso, ele parece estar voltando à primazia da interdição no significado da própria civilização. E embora possamos ser tentados a entender isso como um eurocentrismo nefasto, é também importante ver que não há uma Europa reconhecível que seja derivada da visão de Lévinas. De fato, não é a existência da interdição contra o assassinato que faz a Europa ser a Europa, mas a ansiedade e o desejo que tal interdição produz. Enquanto continua a explicar o funcionamento desse mandamento, Lévinas faz referência ao Gênesis, capítulo 32, no qual Jacó fica sabendo da aproximação iminente de seu irmão e rival, Esaú. Lévinas escreve: "Jacó está preocupado com a notícia de que seu irmão Esaú — amigo ou inimigo — está marchando para encontrá-lo à frente de quatrocentos homens". O versículo 8 nos diz: "Jacó estava deveras assustado e ansioso". Lévinas depois se volta para o comentarista Rashi para entender "a diferença entre susto e ansiedade", e conclui que "[Jacó] estava com medo de sua própria morte, mas estava ansioso por ter que matar" (*PP*, p. 164).

Ainda não ficou claro por que Lévinas presumiria que uma das primeiras ou principais respostas à precariedade de outra pessoa é o desejo de matar. Por que será que escápulas como molas, o esticar de pescoço, a agonia da vocalização transmitindo o sofrimento de outra pessoa provocariam em qualquer um o desejo de violência? Deve ser porque Esaú, ali, com seus quatrocentos homens, ameaça me matar, ou parece que o fará, e, em relação àquele Outro ameaçador ou, na verdade, aquele cujo rosto representa uma ameaça, eu deva me defender para que possa preservar minha vida. Lévinas explica, no entanto, que o assassinato em nome da autopreservação não é justificado, que a autopreservação nunca é uma condição suficiente para a justificativa ética da violência. Isso se parece, então, com um pacifismo extremo, um pacifismo absoluto, e pode muito bem sê-lo. Podemos ou não querer aceitar essas consequências, mas devemos considerar o dilema que representam como constitutivo da ansiedade ética: "Temendo por sua própria vida, mas ansioso por ter que matar". Existe o medo em nome da sobrevivência própria, e há a ansiedade em ferir o Outro, e esses dois impulsos estão em guerra um com o outro, como irmãos brigando. Mas eles estão em guerra um contra o outro justamente para não estarem em guerra com outros impulsos, e esse parece ser o objetivo. Pois a não violência que Lévinas parece promover não vem de um lugar pacífico, mas sim de uma tensão constante entre o medo de sofrer violência e o medo de infligir violência. Eu poderia pôr fim ao medo da minha própria morte obliterando o outro, embora tivesse que continuar obliterando-o, especialmente se há quatrocentos homens atrás dele, e todos eles têm famílias e amigos, se não uma nação ou duas atrás. Eu poderia pôr fim à ansiedade de me tornar uma assassina reconciliando-me com a justificativa ética de infligir violência e morte sob tais condições. Eu poderia usar um cálculo utilitário ou apelar para os direitos intrínsecos dos indivíduos de proteger e preservar seus próprios direitos. Podemos imaginar usos de justificativas consequencialistas e deontológicas que me dariam muitas oportunidades de infligir a violência de uma forma justificada. Um consequencialista poderia argumentar que seria para o bem de muitos. Um deontologista poderia apelar para o valor intrínseco da sua própria vida. Tais argumentos também poderiam ser usados para contestar a primazia da interdição do assassinato, uma interdição em face da qual eu continuaria a sentir minha ansiedade.

Muito embora a autopreservação, para Lévinas, não constitua uma razão suficiente para matar, ele também pressupõe que o desejo de matar é primordial aos seres humanos. Se o primeiro impulso quanto à vulnerabilidade do outro é o desejo de matar, a injunção ética é precisamente militar contra esse primeiro impulso. Em termos psicanalíticos, isso significaria organizar o desejo de matar a serviço de um desejo interno de matar nossos próprios sensos de prioridade e agressão. Provavelmente, o resultado seria neurótico, mas pode ser que a psicanálise encontre um limite aqui. Para Lévinas, é a própria moral que nos retira dos circuitos da má consciência, a lógica pela qual a proibição contra a agressão se torna o canal interno para a própria agressão. A agressão então retorna para si mesma na forma de uma crueldade superegoica. Se a moral nos move além da má consciência, é porque a má consciência é, afinal de contas, apenas uma versão negativa do narcisismo, mas ainda assim uma forma de narcisismo. O rosto do Outro chega até mim pelo lado de fora e interrompe esse circuito narcisista. O rosto do Outro me puxa para fora do narcisismo em direção a algo mais importante, enfim.

Lévinas escreve:

> O Outro é o único ser que posso desejar matar. Posso desejar. E, no entanto, esse poder é exatamente o contrário do poder. O triunfo desse poder é a sua derrota como poder. No exato momento em que meu poder de matar se realiza, o outro me escapou [...] Não olhei em seu rosto, não encontrei seu rosto. A tentação da completa negação [...] essa é a presença do rosto. Estar em relação com o outro face a face é ser incapaz de matar. É também a conjuntura do discurso.

"É também a conjuntura do discurso"...

Esta última frase não é um apelo em vão. Lévinas explica em uma entrevista que "rosto e discurso estão amarrados. O rosto fala, é nesse ato que possibilita e começa todo e qualquer discurso" (*EI*, p. 87). Uma vez que o rosto "diz" "Não matarás", aparentemente é por esse crucial mandamento que a fala primeiro ganha vida, de modo que falar surge primeiro contra o pano de fundo desse possível assassinato. De uma forma mais geral, o discurso faz um apelo ético sobre nós precisamente porque, antes de falar, algo nos é falado.

168

Em um sentido simples, e talvez não exatamente como pretendia Lévinas, primeiro alguém fala conosco, um Outro se endereça a nós, antes de entrarmos na linguagem. Podemos concluir ainda que é apenas sob a condição de sermos endereçados que somos capazes de fazer uso da linguagem. É nesse sentido que o Outro é a condição do discurso. Se o Outro é obliterado, a linguagem também o é, já que esta não pode sobreviver fora das condições de endereçamento.

Mas lembremo-nos de que Lévinas também nos disse que o rosto – que é o rosto do Outro, e, portanto, a exigência ética feita pelo Outro – é aquela vocalização de agonia que ainda não é linguagem ou não mais é linguagem, a que nos desperta para a precariedade da vida do Outro, aquele Outro que desperta imediatamente a tentação de matar e a interdição de fazê-lo. Por que a incapacidade de matar é a conjuntura do discurso? Será que a tensão entre o medo pela própria vida e a ansiedade de se tornar um assassino constitui a ambivalência que é essa conjuntura do discurso? Essa condição é aquela em que somos endereçados, na qual o Outro direciona a linguagem a nós. Essa linguagem comunica a precariedade da vida que estabelece a tensão contínua de uma ética não violenta. A condição do discurso não é a mesma daquilo que é dito ou, na verdade, daquilo que é dizível. Para Lévinas, a conjuntura do discurso consiste no fato de que a linguagem chega como uma mensagem que não queremos, e pela qual somos, em um sentido original, capturados, se não, nos termos de Lévinas, mantidos como reféns. Então, já existe certa violência em ser endereçado, receber um nome, estar sujeito a um conjunto de imposições, compelido a responder a uma rigorosa alteridade. Ninguém controla os termos pelos quais somos endereçados, pelo menos não da maneira mais fundamental. Ser endereçado é, desde o início, uma privação da vontade, e essa privação existe como base da condição do discurso.

No enquadramento ético da posição levinasiana, começamos ao postular uma díade. Mas a esfera da política, nos termos de Lévinas, é aquela em que há sempre mais do que apenas um ator em cena. De fato, posso decidir *não* invocar o meu próprio desejo de preservar minha vida como justificativa para a violência, mas e se a violência for cometida contra alguém que amo? E se houver um Outro que cometa violência contra um Outro? Para qual Outro respondo eticamente? Quais Outros devo colocar antes de mim mesma? Ou devo ficar, então, de prontidão? Derrida afirma que tentar responder a todos os Outros só pode resultar em uma situação de irresponsabilidade radical. E os espinosistas, os nietzschianos, os utilitaristas e os freudianos perguntam: "Posso invocar o imperativo de preservar a vida *do Outro*, mesmo que não possa invocar esse direito de autopreservação para mim mesmo?". É realmente possível evitar a autopreservação da maneira que Lévinas insinua? Spinoza escreve na *Ética* que o desejo de viver uma vida justa requer o desejo de viver, a persistência da vida, sugerindo que a ética deve sempre organizar alguns dos impulsos da vida, mesmo que, como um estado superegoico, a ética ameace se tornar uma cultura do puro desejo de morte. É possível, até mesmo fácil, ler Lévinas como um grande masoquista, e nada nos ajuda a evitar essa conclusão quando consideramos que, quando perguntado sobre o que ele achava da psicanálise, ele supostamente respondeu: "Isso não é um tipo de pornografia?".

Mas a razão para considerarmos Lévinas no contexto atual é pelo menos dupla. Em primeiro lugar, ele nos oferece uma maneira de pensar a relação entre representação e humanização, uma relação que não é tão direta assim quanto gostaríamos de imaginar. Se o pensamento crítico tem algo a dizer sobre ou para a situação atual, isso pode muito bem fazer parte do domínio da representação em que a humanização e a desumanização ocorrem de maneira incessante. Em segundo lugar, ele oferece, dentro de uma tradição filosófica judaica, um relato da relação entre a violência e a ética que tem algumas implicações importantes para pensarmos qual poderia ser a forma de uma ética judaica da não violência. Isso me parece uma questão oportuna e urgente para muitos de nós, especialmente para aqueles que apoiam o momento emergente do pós-sionismo dentro do judaísmo. Por enquanto, gostaria de repensar primeiro a problemática da humanização ao abordá-la na figura do rosto. Quando consideramos as formas convencionais em que pensamos sobre a humanização e a desumanização, debatemo-nos com a suposição de que aqueles que são representados, especialmente os que têm uma autorrepresentação, têm também uma chance maior de serem humanizados, e aqueles que não têm essa chance de se representar correm um risco maior de serem tratados como menos do que humanos, de serem vistos como menos do que humanos, ou, na verdade, de não serem vistos de forma alguma. Temos então um paradoxo, já que Lévinas deixou claro que o rosto não é exclusivamente uma face humana, mas que mesmo assim, no entanto, ainda é uma condição para a humanização.[57] Por outro lado, há o uso do rosto, na mídia, com o objetivo de produzir uma desumanização. Parece que a personificação nem sempre humaniza. Para Lévinas, ela pode muito bem esvaziar o rosto que humaniza; de minha parte, espero mostrar que a personificação às vezes realiza sua própria desumanização. Como descobrir a diferença entre o rosto desumano, mas humanizador, de Lévinas, e a desumanização que também pode ocorrer nesse rosto?

Talvez precisemos pensar em maneiras diferentes pelas quais a violência pode ocorrer: uma delas é exatamente *na* produção do rosto, do rosto de Osama bin Laden, do rosto de Yasser Arafat, do rosto de Saddam Hussein. O que foi feito com esses rostos na mídia? Eles então sendo enquadrados, certamente, mas eles também estão se enquadrando em tal moldura. E esse resultado é invariavelmente tendencioso.

---

[57] Lévinas distingue algumas vezes o "semblante", entendido como o rosto dentro da experiência perceptiva, do "rosto", cujas coordenadas são entendidas como transcendendo o campo perceptivo. Ele também fala ocasionalmente sobre as representações "plásticas" do rosto que apagam este. Para que o rosto possa funcionar como um rosto, ele deve vocalizar ou ser entendido como o funcionamento de uma voz.

Esses retratos da mídia são muitas vezes manejados a serviço da guerra, como se o rosto de Bin Laden fosse o próprio rosto do terror, como se Arafat fosse o rosto da mentira, como se o rosto de Hussein fosse o rosto da tirania contemporânea. E então há o rosto de Colin Powell, enquadrado e divulgado, sentado em frente à tela encoberta da *Guernica* de Picasso: um rosto que está em primeiro plano, poderíamos dizer, contra um pano de fundo de ocultação. Então, há os rostos das meninas afegãs que tiraram ou deixaram suas burcas caírem. Certa semana, no inverno passado, visitei um teórico político que orgulhosamente exibia esses rostos na porta de sua geladeira, bem ao lado de alguns cupons de supermercado aparentemente valiosos, como um sinal do sucesso da democracia. Alguns dias depois, participei de uma conferência na qual ouvi uma palestra sobre os importantes significados culturais da burca, a maneira como ela demonstra pertencimento a uma comunidade e a uma religião, a uma família, a uma longa história de parentesco, a um exercício de modéstia e orgulho, a uma proteção contra a vergonha, e opera assim como um véu atrás do qual, e através do qual, a agência feminina pode trabalhar e, de fato, trabalha.[58] O receio do palestrante era de que a destruição da burca, como se ela representasse um sinal de repressão, atraso ou até mesmo de uma resistência à própria modernidade cultural, resultasse em uma devastação significativa da cultura islâmica e na extensão dos pressupostos culturais dos Estados Unidos sobre como a sexualidade e a agência devem ser organizadas e representadas. De acordo com as fotos triunfalistas que dominaram a primeira página do *New York Times*, essas jovens mulheres exibiam seus rostos como um ato de libertação, de gratidão aos militares dos Estados Unidos, e como expressão de um prazer que se tornara um súbito arroubamento permissível. O espectador

---

[58] Ver ABU-LUGHOD, Lila. Do Muslim Women Really Need Saving? Anthropological Reflections on Cultural Relativism and Others. *American Anthropologist*, v. 104, n. 3, p. 783-790, 2002.

norte-americano estava pronto, por assim dizer, para ver o rosto, e foi em direção à câmera, e para a câmera, enfim, o rosto finalmente se desnudou, se transformou, em um lampejo, em um símbolo eficazmente exportado do progresso cultural norte-americano. Esse rosto nos foi desnudado naquele momento e estávamos, por assim dizer, de posse dele; nossas câmeras não apenas o capturaram, mas também providenciamos para que tal rosto capturasse nosso triunfo e agisse como a razão de nossa violência, da incursão contra a soberania, da morte de civis. Onde está a perda nesse rosto? E onde está o sofrimento por causa da guerra? De fato, parece que o rosto fotografado escondeu ou deslocou o rosto no sentido levinasiano, uma vez que não vimos ou ouvimos nenhuma vocalização de luto ou agonia nele, nenhum entendimento sobre a precariedade da vida.

Aparentemente estamos mapeando uma certa ambivalência aqui, então. De uma maneira estranha, todos esses rostos humanizam os acontecimentos do último ano; eles dão um rosto humano às mulheres afegãs; eles dão uma cara ao terror; eles dão uma cara ao mal. Mas seria esse rosto humanizador em todos os casos? E se é humanizador em alguns casos, de que forma essa humanização ocorre, e há também uma desumanização no rosto e através dele? Encontramos esses rostos no sentido levinasiano, ou são eles, de várias maneiras, imagens que, em seu enquadramento, produzem o paradigma de humano, tornando-se os próprios meios culturais pelos quais esse paradigma é estabelecido? Embora seja tentador pensar que as próprias imagens estabelecem a norma visual para o humano, uma que deva ser emulada ou encarnada, isso seria um erro, já que no caso de Bin Laden ou Saddam Hussein, o paradigma do humano é entendido como fora desse quadro; esse é o rosto humano em sua deformidade e extremidade, não é aquele com o qual você é convidado a identificar-se. De fato, a desidentificação é incitada pela absorção hiperbólica do mal no próprio rosto, nos olhos. E se vamos nos compreender como interpelados por esse enquadramento de alguma forma, é precisamente como o espectador não representado, aquele que olha, aquele que não é capturado por imagem alguma, mas cuja responsabilidade é capturar e subjugar, se não eviscerar tal imagem. Da mesma forma, embora queiramos defender os rostos subitamente desnudados das jovens afegãs como uma celebração do humano, devemos nos perguntar a partir de qual função narrativa essas imagens foram mobilizadas, e se a entrada no Afeganistão foi realmente em nome do feminismo, e em que forma de feminismo ela tardiamente se transformou. O mais importante, porém, é que parece que precisamos nos perguntar quais cenas de dor e sofrimento tais imagens cobrem e desrealizam. De fato, todas essas imagens parecem suspender a precariedade da vida; elas ou representam o triunfo norte-americano ou incitam um futuro triunfo militar norte-americano. *Elas são ou os espólios da guerra ou os alvos da guerra*. E, nesse sentido, poderíamos dizer que o rosto é, em todos os casos, desfigurado, e que essa é uma das consequências representacionais e filosóficas da própria guerra.

É importante distinguir os tipos de irrepresentabilidade. Em primeiro lugar, há a visão levinasiana segundo a qual existe um "rosto" que rosto algum pode exaurir completamente, entendido como o sofrimento humano, como o grito do sofrimento humano, aquele que não consegue alcançar uma representação direta. Aqui o "rosto" é sempre uma figura de algo que não é literalmente um rosto. Outras expressões humanas, no entanto, parecem se encaixar na figura do "rosto", mesmo que elas sejam sons ou emissões de uma outra magnitude. O grito que é representado pela figura do rosto confunde os sentidos e produz uma comparação claramente imprópria: isso não pode estar certo, pois o rosto não é um som. E, no entanto, o rosto pode representar o som justamente porque ele não é o som. Nesse sentido, essa figura do rosto ressalta a incomensurabilidade do rosto com o que ele representa. Estritamente falando, então, o rosto não representa nada, no sentido em que ele falha em capturar e transmitir aquilo a que se refere.

Para Lévinas, então, o humano não é *representado* pelo rosto. Antes, o humano indiretamente se afirma na própria disjunção que torna a representação impossível, e tal disjunção é transmitida nessa representação impossível. Para que a representação possa transmitir o humano, então, ela deve não apenas falhar, mas *mostrar* sua falha. Há algo irrepresentável que, no entanto, procuramos representar, e esse paradoxo deve ser mantido na representação que produzimos.

Nesse sentido, o humano não é identificado com o que é representado, mas tampouco é identificado com o irrepresentável; ele é, ao contrário, aquilo que limita o sucesso de qualquer prática representacional. O rosto não é "apagado" nessa falha de representação, e sim constituído a partir dessa mesma possibilidade. Algo completamente diferente ocorre, no entanto, quando o rosto opera a serviço de uma personificação que afirma "capturar" o ser humano em questão. Para Lévinas, o humano não pode ser capturado na representação, e podemos ver que uma certa perda desse humano se dá quando ele é "capturado" pela imagem.[59]

Um exemplo desse tipo de "captura" ocorre quando o mal é personificado no rosto. Uma certa comensurabilidade é afirmada entre esse ostensivo mal e o rosto. Tal rosto é maligno, e esse mal extrapola o próprio rosto e se estende ao mal que pertence aos humanos em geral – o mal generalizado. Personificamos o mal ou o triunfo militar em um rosto que deveria ser, que deveria capturar, que deveria conter a própria ideia por ele defendida. Nesse caso, não podemos ouvir o rosto no rosto. Aqui, o rosto mascara os sons do sofrimento humano e a proximidade que podemos ter com a precariedade da própria vida.

---

[59] Para uma maior discussão sobre a relação entre a imagem da mídia e o sofrimento humano, ver o provocativo livro de Susan Sontag: *Regarding the Pain of Others*. Nova York: Farrar, Straus and Giroux, 2002. [*Diante da dor dos outros*. Tradução de Rubens Figueiredo. Companhia das Letras: São Paulo, 2003.]

Aquele rosto lá, no entanto, aquele cujo significado é retratado como sendo capturado pelo mal, é precisamente aquele que não é humano, ao menos não no sentido levinasiano. O "eu" que vê esse rosto não se identifica com ele: o rosto representa aquilo para o qual nenhuma identificação é possível, um feito de desumanização e uma condição para a violência. É claro que uma elaboração mais completa desse tópico analisaria as várias maneiras pelas quais a representação trabalha em relação à humanização e à desumanização. Às vezes imagens triunfalistas surgem e nos transmitem a noção do humano com o qual deveríamos nos identificar, como o herói patriótico que, com arroubo, expande a fronteira do nosso próprio ego para incluir a da nação. Nenhuma compreensão da relação entre imagem e humanização pode ocorrer sem considerarmos as condições e os significados de identificação e desidentificação. Vale notar, no entanto, que a identificação sempre depende de uma diferença que ela mesma busca superar, e que seu objetivo é alcançado apenas pela reintrodução dessa diferença que ela afirma ter vencido. Aquele com quem me identifico não sou eu, e esse "não ser eu" é a própria condição para a identificação. Caso contrário, como Jacqueline Rose nos lembra, a identificação se colapsa em identidade, o que significa a morte da própria identificação.[60] Essa diferença interna à identificação é crucial e, de certo modo, nos mostra que a desidentificação faz parte da prática comum da própria identificação. A imagem triunfalista pode comunicar uma superação impossível dessa diferença, um tipo de identificação que acredita ter superado a diferença que é condição para a sua própria possibilidade. A imagem crítica, se pudermos assim tratá-la, trabalha essa diferença da mesma maneira que a imagem levinasiana o faz; ela não deve apenas falhar em capturar seu referente, mas *mostrar* essa falha.

---

[60] Para uma discussão sobre o "fracasso" como ponto de partida para uma concepção psicanalítica da psique, ver ROSE, Jacqueline. *Sexuality in the Field of Vision*. Londres: Verso, 1986. p. 91-93.

A demanda por uma imagem mais verdadeira, por mais imagens, por imagens que transmitam o horror e a realidade do sofrimento tem seu lugar e importância. O apagamento desse sofrimento pela proibição de imagens e representações circunscreve, de forma mais geral, a esfera da aparência, aquilo que podemos ver e saber. Mas seria um erro pensar que só precisaríamos encontrar imagens corretas e verdadeiras para que uma certa realidade fosse então transmitida. A realidade não é transmitida por aquilo que é representado dentro da imagem, mas pelo desafio à representação que a realidade oferece.[61]

O esvaziamento do humano que é efetuado pela imagem na mídia deve ser entendido, no entanto, em termos do problema mais amplo no qual os esquemas normativos de inteligibilidade estabelecem o que será e não será humano, o que será uma vida digna de ser vivida, o que será uma morte dolorosa. Esses esquemas normativos operam de outras formas, não apenas com a produção de ideais do humano que diferenciam aqueles que são mais ou menos humanos. Às vezes esses esquemas produzem imagens do menos que humano disfarçado de humano para mostrar como o menos que o humano se disfarça e ameaça enganar aqueles que poderiam pensar que reconhecem um humano ali, naquele rosto. Mas às vezes esses esquemas normativos funcionam precisamente por não fornecerem uma imagem, um nome, uma narrativa, de modo que nunca houve vida e nunca houve morte. Esses são dois modos distintos de poder normativo: um opera na produção de uma identificação simbólica do rosto com o inumano, excluindo nossa compreensão do humano em jogo; o outro funciona no apagamento radical, de modo que nunca houve um humano, nunca houve uma vida e, portanto, assassinato algum ocorreu. No primeiro caso, algo que já emergiu no reino da aparência precisa ser contestado

---

[61] Lévinas escreve: "Pode-se dizer que o rosto não é 'visto'. Ele é o que não pode se tornar um conteúdo, o qual seu pensamento abraçaria; ele não pode ser contido, ele leva você além" (*EI*, p. 86-87).

como reconhecidamente humano; no segundo caso, a esfera pública da aparência é constituída com base na exclusão dessa imagem. O trabalho então é estabelecer maneiras públicas de ver e ouvir que possam responder ao grito do humano dentro da esfera da aparência, uma esfera na qual o traço do grito tornou-se, de forma hiperbólica, inflado, a fim de racionalizar um nacionalismo voraz, ou foi então totalmente obliterado, sendo que ambas as alternativas, no fim, são as mesmas. Podemos considerar esse fenômeno como uma das implicações filosóficas e representacionais da guerra, uma vez que a política – e o poder – funciona em parte por meio da regulação do que pode ser mostrado, do que pode ser ouvido.

É claro que esses esquemas de inteligibilidade são exigidos de maneira tácita e forçada pelas corporações que monopolizam o controle da grande mídia, com fortes interesses em manter o poder militar dos Estados Unidos. A cobertura da guerra colocou em evidência a necessidade de uma ampla desmonopolização dos interesses da mídia, cuja legislação tem sido, previsivelmente, altamente contestada no Congresso norte-americano. Pensamos nesses interesses como controladores dos direitos de propriedade, mas eles também estão, simultaneamente, decidindo o que será e o que não será publicamente reconhecível como realidade. Eles não expõem a violência, mas a violência enquadra aquilo que é exposto. Essa violência do enquadramento é o mecanismo pelo qual certas vidas e mortes permanecem irrepresentáveis ou se tornam representadas de maneiras que afetam sua captura (mais uma vez) pelo esforço de guerra. A violência não mostrada é um apagamento pela oclusão; já a violência do enquadramento é um apagamento na própria representação.

Qual é a relação entre a violência pela qual essas vidas não enlutáveis foram perdidas e a proibição do luto público? A proibição do luto seria uma continuação da violência em si? E essa proibição do luto exigiria um controle rígido sobre a reprodução de imagens e palavras? De que maneira a proibição do luto surge como uma circunscrição de representatividade, de modo que nossa melancolia nacional se restrinja ao enquadramento do que pode ser dito, do que pode ser mostrado? Não seria esse o local em que poderíamos ver, se ainda podemos ver, os modos em que a melancolia se inscreve como os limites do que pode ser pensado? A desrealização da perda – a insensibilidade ao sofrimento humano e à morte – torna-se o mecanismo de realização da desumanização. Essa desrealização não ocorre nem dentro nem fora da imagem, mas no próprio enquadramento em que a imagem está contida.

Na campanha inicial da guerra contra o Iraque, o governo dos Estados Unidos anunciou seus feitos militares como um fenômeno visual avassalador. O fato de o governo e das forças armadas dos Estados Unidos chamarem isso de estratégia de "choque e pavor" sugere que eles estavam produzindo um espetáculo visual que entorpeceria os sentidos e, como o próprio sublime, deixaria de lado a capacidade de pensar. Essa produção ocorre não apenas para a população iraquiana em solo estadunidense, cujos sentidos deveriam ser embaralhados por tal espetáculo, mas também para os consumidores da guerra que dependem da CNN ou da Fox, esta última a emissora que regularmente intercala sua cobertura de guerra na televisão com a alegação de ser a fonte de notícias "mais confiável" sobre a guerra. A estratégia de "choque e pavor" procura não apenas produzir uma dimensão estética para a guerra, mas também explorar e instrumentalizar essa estética visual como parte de uma estratégia de guerra em si. A CNN forneceu muitas dessas estéticas visuais. E embora o *New York Times* tenha tardiamente se posicionado contra a guerra, ele também adornava diariamente suas primeiras páginas com imagens românticas de artefatos militares contra o sol poente no Iraque ou com "bombas explodindo no ar" acima de ruas e casas em Bagdá (imagens surpreendentemente expostas). É claro que foi a destruição espetacular do World Trade Center que primeiro reivindicou o efeito de "choque e pavor", e os Estados Unidos mostraram recentemente para o mundo inteiro que eles podem e serão igualmente destrutivos.

A mídia fica extasiada com o sublime da destruição, e as vozes de dissidência e oposição devem encontrar uma maneira de intervir nessa máquina de sonhos desumana, na qual a destruição maciça de vidas e casas, fontes de água, eletricidade e calor é fabricada como um sinal delirante de um poder militar revitalizado dos Estados Unidos.

De fato, as fotos explícitas de soldados norte-americanos mortos e decapitados no Iraque, e depois as fotos de crianças mutiladas e mortas por bombas norte-americanas, foram recusadas pela mídia tradicional, substituídas por imagens que sempre davam preferência para uma vista aérea, cuja perspectiva é estabelecida e mantida pelo poder do Estado. E, no entanto, no momento em que os corpos executados pelo regime de Hussein foram descobertos, eles chegaram à primeira página do *New York Times*, já que tais corpos deveriam ser enlutados. A indignação com a morte dessas pessoas motiva o esforço de guerra à medida que ela avança para sua fase gerencial, que se difere muito pouco do que é comumente chamado de "ocupação".

Tragicamente, parece que os Estados Unidos tentam antecipar uma violência contra si mesmos ao promoverem a violência em primeiro lugar, mas essa violência que eles temem é a própria violência por eles gerada. Não procuro sugerir com isso que os Estados Unidos sejam responsáveis de alguma forma causal pelos ataques a seus cidadãos. E não isento os homens-bomba palestinos, independentemente das terríveis condições que animam seus atos assassinos. Há, no entanto, uma certa distância a ser percorrida entre viver em condições terríveis, sofrer violações graves, até mesmo insuportáveis, e a decisão de cometer atos homicidas. O presidente Bush percorreu essa distância rapidamente, pedindo "o fim do sofrimento" após meros dez dias de um luto extravagante. O sofrimento pode produzir uma experiência de humildade, de vulnerabilidade, de suscetibilidade e dependência, e esses sentimentos podem se tornar recursos, se não os "resolvermos" prontamente; eles podem nos mover para além da e contra a vocação da vítima paranoica que regenera infinitamente as justificativas para uma guerra. Essa é tanto uma questão de lutar eticamente contra os próprios impulsos assassinos, impulsos que buscam aplacar um medo irresistível, quanto de apreender o sofrimento dos outros e de fazer um balanço do sofrimento causado.

Na Guerra do Vietnã, foram as fotos das crianças queimando e morrendo por causa do napalm que levaram o público dos Estados Unidos a uma sensação de choque, indignação, remorso e luto. Essas imagens eram precisamente aquelas que não devíamos ver e que romperam o campo visual e todo o senso de identidade pública que foram construídos a partir desse próprio campo. As imagens forneceram uma realidade, mas também mostraram uma realidade que interrompeu o campo hegemônico da representação em si. Apesar de sua efetividade explícita, essas imagens apontavam para algum outro lugar além delas mesmas, para uma vida e uma precariedade que não eram capazes de mostrar. Muitos cidadãos norte-americanos vieram a desenvolver um consenso importante e vital contra a guerra a partir dessa apreensão acerca da precariedade daquelas vidas que destruímos. Mas se continuarmos a desconsiderar as palavras que nos transmite essa mensagem, se a mídia não exibir essas imagens, se essas vidas permanecerem inomináveis e impossíveis de serem enlutadas, se elas não aparecerem em sua precariedade e em sua destruição, não nos comoveremos. Não retornaremos a um sentimento de indignação ética que é, distintamente, por um Outro, em nome de um Outro. Não somos capazes, sob condições contemporâneas de representação, de ouvir o grito agonizante ou de ser compelidos ou comandados pelo rosto. Fomos afastados do rosto, às vezes através da própria imagem do rosto, um rosto que pretende transmitir o desumano, o já morto, aquilo que não é a precariedade e que não pode, portanto, ser morto; esse é o rosto que, no entanto, nos pedem para matar, como se livrar o mundo desse rosto fosse nos devolver ao humano, em vez de consumar nossa própria desumanidade. Seria preciso ouvir o rosto, enquanto ele fala não exatamente uma linguagem, para compreender o que está em jogo na precariedade da vida. Mas que mídia nos permitirá conhecer e sentir essa fragilidade, conhecer e sentir nos limites da representação como ela é atualmente cultivada e mantida? Se as humanidades têm um futuro como crítica cultural, e a crítica cultural tem um trabalho a ser feito na situação atual, esse futuro é sem dúvida nos devolver ao humano onde não esperamos encontrá-lo, em sua fragilidade e nos limites de sua capacidade de fazer sentido. Teríamos que interrogar o surgimento e o desaparecimento do humano nos limites do que podemos saber, do que podemos ouvir, do que podemos ver, do que podemos sentir. Isso pode nos levar, afetivamente, a revigorar os projetos intelectuais de crítica, de questionamento, de entendimento das dificuldades e das demandas da tradução e do dissenso cultural, e a criar um sentido público em que as vozes opositoras não sejam temidas, degradadas ou rejeitadas, mas valorizadas pelo incentivo a uma democracia sensata que elas ocasionalmente performam.

Agradecimentos

Sou grata à Fundação Guggenheim e ao Centro de Valores Humanos da Universidade de Princeton por subsidiar o ano acadêmico 2001/2002, quando a escrita destes ensaios começou. Agradeço também a Amy Jamgochian por seu paciente e minucioso empenho no manuscrito e a Benjamin Young e Stuart Murray por seu útil trabalho. Wendy Brown e Joan Scott leram muitas destas palavras, e sua extraordinária persistência como vigorosas interlocutoras foi crucial para a conclusão deste trabalho. "Explicação e isenção" apareceu primeiramente em *Theory and Event*, v. 5, n. 4, e foi reimpresso em *Social Text*, n. 72. "Violência, luto, política" apareceu primeiramente em *Studies in Gender and Sexuality*, v. 4, n. 1, e representa uma versão editada da palestra proferida na premiação Kessler em dezembro de 2001, no Centro de Estudos Gays e Lésbicos na Universidade da Cidade de Nova York. "Detenção indefinida" apareceu primeiramente de forma reduzida na obra *It's a Free Country: Personal Liberties After 9/11*, editada por Victor Goldberg e publicada pela RMD Press em 2002; uma versão anterior apareceu, em parte, como "Guantanamo Limbo" na revista *The Nation* em 1º de abril de 2002.[62] "A acusação de antissemitismo" foi publicado de forma reduzida pelo periódico *London Review of Books* em 21 de agosto de 2003.

---

[62] A versão "Guantanamo Limbo", publicada pela revista *The Nation*, está traduzida na *Revista Novos Estudos*, n. 77, como "O limbo de Guantánamo". (N.T.)

Índice remissivo

11 de Setembro 102, 179
Alwaleed bin Talal e o 32-35
censura e o 21-22
Primeiro-mundismo e o 60-61
psiquê estadunidense e o 27-28
teorias da conspiração e o 29-30

administração Bush 124-126
Agamben, Giorgio
sobre "vida nua" 91-92
sobre soberania 83-86
AIDS 40, 56
Al-Qaeda 18, 94
Baía de Guantánamo e 92-95
Aliança do Norte 26
Baía de Guantánamo e a 95, 110
American Israel Public Affairs Committee [Comitê Estados Unidos-Israel de Negócios Públicos] (AIPAC) 143
Anistia Internacional 112
anti-intelectualismo 21
Antígona 57, 68
antissemitismo

censura e 148-149, 154-155
internalizado 142
Lawrence Summers sobre o 127-128, 130-138, 148
sionismo e 151, 154-155
Arafat, Yasser 171
Arendt, Hannah 148
Arroyo, Gloria Macapagal 30
ataque/ocupação do Iraque 21, 90-91, 179-180
ativismo 70
Atta, Mohammed 25
autonomia 45-48

B'rith Shalom 148
B'Tselem 144
Bagdá 179
Baía de Guantánamo 62, 73-74, 80, 81
como nova prisão de guerra 125
direitos humanos e a 87-89
fotos da imprensa 98, 102-103, 105, 106
Islã e 96-97

lógica para 93-94
natureza dos prisioneiros 92-93
repercussões internacionais da 126
Baker, Mona 152-153
Belém 146
Benjamin, Walter 76
Biletzki, Anat 143
Brit Tzedek 143
Brown, Wendy 83
Buber, Martin 148
burca (véu) 69, 172
Bush, George W. 22, 50

Campus Watch 149
Carta Aberta dos Judeus Americanos 141, 145
Cavarero, Adriana 71
censura
    11 de Setembro e 21
    antissemitismo e 133-134, 148-149, 154-155
Chechênia 24
Cheney, Richard 22, 115
Chomsky, Noah 23
Cisjordânia 144
CNN 179
Coalition of Women for a Just Peace 146
colonialismo 62-63
Convenção de Genebra
    Baía de Guantánamo e a 105-107, 111-112
    como nacionalismo 111-112
contra o racismo 53
Cruz Vermelha 112

desrealização 54, 92, 174, 179
    Baía de Guantánamo e a 102
Derrida, Jacques 170

desumanização 57, 116-117, 170-171, 173, 176, 179
    Palestinos e a 148-149
direitos humanos 44-45
discurso 168-169
doença mental 96-97
Dunlavey, Michael 104

"excuseniks" 29
Ésquilo 38
Estado 74-81
Estados Unidos
    como um poder "desonesto" 80
    responsabilidade e os 34
    unilateralismo e os 27
êxtase 44

Faculty for Israeli-Palestinian Peace 144
feminismo 44
    Guerra do Afeganistão e 62-63
    colonialismo e 63-64
    contra o militarismo 68-69
    Primeiro-mundismo e 69
Foucault, Michel 74-78, 118-125
Freud, Sigmund 170

"guerra contra o terror" 49, 54, 104, 105
Gaza 144
Giuliani, Rudolph 32-34
Grossman, Vassili 162
governamentalidade/soberania 74-86, 89, 90, 188-125
Guernica (Picasso) 172
Guerra do Afeganistão 174
    atrocidades 12, 52
    feminismo e 62
    mídia e 56
    resposta da esquerda para 23
Guerra do Golfo 55

Guerra do Vietnã 181
Gvul, Yesh 144

Hastert, J. Dennis 115
Haynes, William J. 99-100, 104, 111, 115
Hegel, George Wilhelm Friedrich 65, 66
Human Rights Watch 112
humanidades 51-52, 182
humanismo 63-64, 182
humano, o 158-159, 182
humanização 65, 66-67, 170-171, 174, 176
Huntington, Samuel 116
Hussein, Saddam 171

identificação 175, 176
individualização 47
Intifada 113, 117
Irlanda do Norte 95
Islã 22, 53, 166
"extremismo" e 114
Al-Qaeda e 25
Baía de Guantánamo e 97
Israel 113, 125, 126
judeus e 129-130, 135-143, 153-154
Israel/Palestine Center for Research and Information em Jerusalém 143

Jenin 131, 135-136
Jewish Voices for Peace 143
Jews Against the Occupation 143
Jews for Peace in the Middle East 143
Jews for Racial and Economic Justice 144
jornalismo 56, 59
judeus

Israel e 153-154
judaicidade e 139
na Palestina 148
que se odeiam 143
sionismo e 147-148, 151-153

Kaldor, Mary 31

Laden, Osama bin 25, 30, 171
Arundhati Roy sobre 35
Lance, Mark 149
Laor, Yitzhak 143, 147
lei
Baía de Guantánamo e a 81-82
suspensão da 77-81, 88-89
lésbicas/gays 44, 53-54
Lévinas, Emmanuel 173
sobre a ética 167-169
sobre a Europa 165-166
sobre a psicanálise 170
sobre o "rosto" 160-165, 168, 174-175
sobre o discurso 168-169
Lewin, Tamar 149
Lewis, Bernard 116
luto 42-43, 49, 51, 68, 178-179

"morte do autor" 158
melancolia 40-42, 50
mídia 178
militarismo 49-50
feminismo e 68
Miller, Geoffrey 81
Milton, John 50
Mohanty, Chandra 69
Moisés 164-165
Movimento Matzpen 148

narcisismo 168
Nação 62, 66-67
Nações Unidas 135

nazismo 129, 130
neomacarthismo 149
Neve Shalom 144-147
Nietzsche, Friedrich 170

Obituário 56
ontologia 54
Ophir, Adi 143
Oz, Avraham 143

Palestina 24-34, 52-53, 56-57,
  113, 125, 130, 150-151
  Alwaleed bin Talal e a 32-35
  autodeterminação 149-150
  direitos 142
  homens-bomba suicidas e a
  180
  judeus na 148
  ocupação israelense da 128-
  130, 147-148
Paz Agora 143,145
Pearl, Daniel 58-59
pós-sionismo 151, 171
Powell, Colin 172
Primeiro-mundismo 68
  11 de Setembro e o 68
processo de luto
  política externa dos Estados
  Unidos sobre o 61-62
  Sigmund Freud sobre o 40-42
psicanálise 170
Putin, Vladimir 24

"rosto" o 171-176, 177, 181-182
  Emmanuel Lévinas sobre o
  160-165, 168, 174-176
racismo 102-103
Ram, Uri 143
reconhecimento 64-66
relativismo 158
representação 174-175

Rose, Jacqueline 176
Rottenberg, Catherine 144
Roth, Kenneth 112
Rothstein, Edward 22
Roy, Arundhati 23, 31, 35
Rumsfeld, Donald 73
  sobre a Baía de Guantánamo
  98-99, 108-111
  sobre conflitos em prisões
  afegãs 104

"sujeito"
  feminismo e 70-72
  nação enquanto 62, 66-67
Safire, William 29
Schmitt, Carl 85
School for Peace (Israel) 144
Sharon, Ariel 113
Shoá 14
sionismo 140-142
  antissemitismo e 151-152,
  154-155
  história do 148-149
  judeus e o 147, 152-154
  Lawrence Summers sobre o
  152-154
soberania/governamentalidade
  75-86, 89, 90, 118-125
Spinoza, Baruch 170
  Emmanuel Lévinas sobre 161
Spivak, Gayatri Chakravorty
  63-70
Summers, Lawrence 127-128,
  130-138
  sobre judaicidade 139
  sobre sionismo 152-154

Ta'ayush ("viver junto") 144-146
Talal, Alwaleed bin 32-34
Talibã 106-107

Baía de Guantánamo e o 93–95

terrorismo
como política de apátridas 112-114
definições de 23-24, 26

Tikkun 144

véu – *ver* burca

violência
contra lésbicas e gays 53-54
interdependência e a 48
mídia e a 178-179

moralidade e a 37-38
vulnerabilidade e 49-51

vulnerabilidade 49
11 de Setembro e a 50-51
comum 51-52
desigualmente distribuída 52
humanização e 64-67

Wahat al-Salam 144
Walzer, Michael 22
Women in Black 69, 144

Este livro foi composto com tipografia Bembo e impresso
em papel Off-White 70 g/m² na Formato Artes Gráficas.